CB063866

# MANUAL PRÁTICO
DO SEGURADO FACULTATIVO

**WLADIMIR NOVAES MARTINEZ**

*Advogado especialista em Direito Previdenciário*

# MANUAL PRÁTICO DO SEGURADO FACULTATIVO

Dados Internacionais de Catalogação na Publicação (CIP)
(Câmara Brasileira do Livro, SP, Brasil)

Martinez, Wladimir Novaes
Manual prático do segurado facultativo/
Wladimir Novaes Martinez. — São Paulo: LTr, 2006.

ISBN 85-361-0848-7

1. Segurado facultativo — Brasil I. Título.

06-3667                                           CDU-34:368.041 (81)

Índice para catálogo sistemático:
1. Brasil: Segurados facultativos: Direito
previdenciário 34:368.041 (81)

(Cód. 3303.7)

© Todos os direitos reservados

EDITORA LTDA.

Rua Apa, 165 — CEP 01201-904 — Fone (11) 3826-2788 — Fax (11) 3826-9180
São Paulo, SP — Brasil — www.ltr.com.br

Junho, 2006

# ÍNDICE

| | |
|---|---|
| **SIGLAS** | 15 |
| **INTRODUÇÃO** | 19 |
| **CAPÍTULO I. Conceito de Facultativo** | 21 |
| **CAPÍTULO II. Natureza jurídica** | 25 |
| **CAPÍTULO III. Fontes formais** | 27 |
| 31. Fonte histórica | 27 |
| 32. Constituição Federal | 28 |
| 33. Normas legais | 29 |
| 34. Regulamento da Lei | 29 |
| 35. Entendimento administrativo | 30 |
| 36. Instrução Normativa | 30 |
| 37. Jurisprudência judicial | 31 |
| 38. Doutrina nacional | 31 |
| 39. Norma complementar | 32 |
| 40. Última mudança | 33 |
| **CAPÍTULO IV. Evolução histórica** | 34 |
| 41. Mongeral de 1835 | 34 |
| 42. Lei Eloy Chaves | 35 |
| 43. IAP e CAP | 35 |
| 44. Decreto-lei n. 2.004/40 | 36 |
| 45. LOPS e RGPS | 37 |
| 46. Lei n. 5.610/70 | 38 |
| 47. Portaria MTPS n. 3.286/73 | 38 |

48. CLPS e RCPS .................................................................... 39
49. PBPS e RPS ...................................................................... 40
50. Salário-declarado ............................................................. 40

**CAPÍTULO V. Clientela protegida** ............................................. 41
51. Qualquer pessoa .............................................................. 41
52. Desempregado ou inativado ............................................. 42
53. Estudante desempregado ................................................ 43
54. Dona de casa ................................................................... 43
55. Síndico de condomínio .................................................... 44
56. Conselheiro tutelar .......................................................... 44
57. Estagiário e bolsista ........................................................ 44
58. Brasileiro no exterior ....................................................... 45
59. Percipiente de benefício .................................................. 45
60. Presidiário recolhido ........................................................ 45

**CAPÍTULO VI. Características básicas** ..................................... 46
61. Facultatividade de ingresso ............................................. 46
62. Relação jurídica de filiação .............................................. 47
63. Relação jurídica de inscrição ........................................... 48
64. Capacidade securitária .................................................... 48
65. Manifestação da vontade ................................................. 49
66. Inatividade laboral ........................................................... 49
67. Provisoriedade da situação ............................................. 49
68. Contribuição mínima e máxima ........................................ 50
69. Período de carência ........................................................ 50
70. Fato gerador ................................................................... 50

**CAPÍTULO VII. Qualidade de segurado** .................................... 51
71. Inexistência da condição ................................................. 51
72. Data da assunção ........................................................... 52

| | |
|---|---|
| 73. Exercício do *status* | 52 |
| 74. Manutenção do atributo | 52 |
| 75. Perda da qualidade | 53 |
| 76. Recuperação da filiação | 53 |
| 77. Preservação da situação | 54 |
| 78. Extinção da relação | 54 |
| 79. Segurado especial | 55 |
| 80. Enquadramento na trimestralidade | 55 |

**CAPÍTULO VIII. Recolhimento das contribuições** ............ 57

| | |
|---|---|
| 81. Alíquota de contribuição | 57 |
| 82. Base de cálculo | 58 |
| 83. Data do vencimento | 59 |
| 84. Prazo trimestral | 59 |
| 85. Arrependimento do montante | 60 |
| 86. Acréscimos legais | 61 |
| 87. Parcelamento de débito | 61 |
| 88. Quitação *a posteriori* | 61 |
| 89. Fracionalidade do *quantum* | 62 |
| 90. Restituição e compensação | 62 |

**CAPÍTULO IX. Questões jurídicas** ............ 64

| | |
|---|---|
| 91. Competência jurisdicional | 64 |
| 92. Presunções válidas | 64 |
| 93. Técnica interpretativa | 66 |
| 94. Princípios aplicáveis | 67 |
| 95. Normas de superdireito | 68 |
| 96. Direito emprestado | 68 |
| 97. Acordos internacionais | 69 |
| 98. Objetivo da contribuição | 69 |

99. Cômputo do tempo de serviço .................................................. 70
100. Constitucionalidade da matéria .............................................. 70

**CAPÍTULO X. Pretensões à disposição** ..................................... 71

101. Benefícios por incapacidade ................................................ 72
102. Prestações infortunísticas .................................................... 72
103. Salário-família e salário-maternidade .................................... 72
104. Aposentadoria por idade ...................................................... 73
105. Tempo de contribuição ......................................................... 73
106. Aposentadoria especial ........................................................ 74
107. Direito dos dependentes ...................................................... 74
108. Contagem recíproca ............................................................ 74
109. Período da carência ............................................................. 75
110. Salário-de-benefício ............................................................. 75

**CAPÍTULO XI. Servidor público** ................................................ 76

111. Normas regentes ................................................................. 77
112. Universalidade da cobertura ................................................. 78
113. Impropriedade constitucional ................................................ 78
114. Obrigatório e facultativo ........................................................ 79
115. Auto-aplicabilidade da norma ............................................... 80
116. Art. 14 do PCSS .................................................................. 81
117. Servidor facultativo .............................................................. 82
118. Direito adquirido .................................................................. 82
119. Contribuição definida ........................................................... 83
120. Conclusões finais ................................................................ 83

**CAPÍTULO XII. Autopatrocinado** .............................................. 84

121. Nomenclatura oficial ............................................................ 84
122. Fonte formal ........................................................................ 85
123. Conceito do instituto ............................................................ 85

| | |
|---|---:|
| 124. Facultatividade da refiliação | 86 |
| 125. Duplicidade do aporte | 86 |
| 126. Pressuposto lógico | 87 |
| 127. Cenário anterior | 87 |
| 128. Portabilidade dos capitais | 87 |
| 129. Transformação em *vesting* | 88 |
| 130. Resgate futuro | 88 |
| **CAPÍTULO XIII. Congressista facultativo** | **89** |
| 131. Extinção do IPC | 89 |
| 132. Fontes de consulta | 90 |
| 133. Custeio do PSSC | 90 |
| 134. Segurados obrigatórios | 91 |
| 135. Contribuintes facultativos | 91 |
| 136. Prazo para habilitação | 92 |
| 137. Restituição das contribuições | 92 |
| 138. Afastamento temporário | 93 |
| 139. Filiação histórica | 93 |
| 140. Contagem recíproca | 93 |
| **CAPÍTULO XIV. Facultativo militar** | **95** |
| 141. LBPM e Regulamento | 95 |
| 142. Segurados facultativos | 96 |
| 143. Alíquota de contribuição | 96 |
| 144. Aumento da base de cálculo | 96 |
| 145. Prazo para a inscrição | 97 |
| 146. Perda da qualidade | 97 |
| 147. Conceito de beneficiários | 97 |
| 148. Direito dos dependentes | 98 |
| 149. Prestações disponíveis | 98 |
| 150. Transformação em obrigatório | 99 |

CAPÍTULO XV. Segurado especial ........................................... 100

151. Distinção constitucional ...................................................... 100
152. Conceito legal .................................................................... 101
153. Noção administrativa .......................................................... 101
154. Concepção doutrinária ....................................................... 102
155. Pessoas excluídas .............................................................. 102
156. Contribuição facultativa ..................................................... 103
157. Comunicação da qualidade ................................................ 103
158. Aporte mensal .................................................................... 103
159. Salário-de-benefício ........................................................... 104
160. Renda inicial ...................................................................... 105

CAPÍTULO XVI. Correção dos pagamentos ........................... 106

161. Regime contributivo ........................................................... 106
162. Escala de salários-base ..................................................... 107
163. Evolução nas classes ......................................................... 107
164. ON SPS n. 5/04 .................................................................. 108
165. Causas da mudança .......................................................... 108
166. Regra vigente ..................................................................... 109
167. Retroação administrativa .................................................... 110
168. Atuais inadimplentes .......................................................... 110
169. Derrogação da lei ............................................................... 110
170. Recolhimento complementar .............................................. 111

CAPÍTULO XVII. Situações particulares ................................ 112

171. Atleta profissional ............................................................... 112
172. Diplomata no exterior ......................................................... 113
173. Empregador rural ............................................................... 113
174. Juiz temporário ................................................................... 114
175. Representantes classistas ................................................. 115

176. Economiários facultativos ..................................................... 115
177. Rurícola urbano ................................................................ 116
178. Eclesiástico antes de 1979 ................................................. 117
179. Conselho Fiscal do INPS ..................................................... 117
180. Programa de estudante ...................................................... 118

**CAPÍTULO XVIII. Guia de recolhimento** ................................ 119
181. Instruções para preenchimento ............................................ 119
182. Descrição das capas ......................................................... 119
183. Papel da contracapa ......................................................... 120
184. Recomendações úteis ........................................................ 120
185. Valor mínimo ................................................................... 120
186. Quitação eletrônica .......................................................... 120
187. Orientação do carnê ......................................................... 120
188. Confirmação do pagamento ................................................. 121
189. Campos das folhas ............................................................ 121
190. Provas da quitação ........................................................... 122

**ANEXO — Projeto de lei sobre a contribuição do facultativo** ... 123
**Obras do autor** ........................................................................ 131

# SIGLAS

| | |
|---|---|
| AMB | — Associação dos Magistrados Brasileiros |
| CA/FAAP | — Conselho de Administração do FAAP |
| CAJ | — Câmara de Julgamento (do CRPS) |
| CANSB | — Consolidação dos Atos Normativos sobre Benefícios |
| CAP | — Caixa de Aposentadoria e Pensões |
| CD | — Conselho Diretor (do DNPS) |
| CEP | — Código de Endereçamento Postal |
| CF | — Constituição Federal |
| CGJ/E | — Consultoria Jurídica do Exército Brasileiro |
| CGPC | — Conselho de Gestão da Previdência Complementar |
| CIE-E | — Centro de Integração Empresa-Escola |
| CJ | — Consultoria Jurídica |
| CLPS | — Consolidação das Leis da Previdência Social (Decreto n. 89.312/84) |
| CLT | — Consolidação das Leis do Trabalho (Decreto-lei n. 5.452/43) |
| CRPS | — Conselho de Recursos da Previdência Social |
| DATAPREV | — Empresa de Tecnologia e Informação da Previdência Social |
| DC | — Diretoria Colegiada (do INSS) |
| DER | — Data da Entrada do Requerimento |
| DF | — Distrito Federal |
| DIC | — Data do Início da Contribuição |
| DII | — Data do Início da Incapacidade |
| DJU | — Diário da Justiça da União |
| DNPS | — Departamento Nacional de Previdência Social |

| | |
|---|---|
| DO | — Data do Óbito |
| DOU | — Diário Oficial da União |
| EC | — Emenda Constitucional |
| EFPC | — Entidade Fechada de Previdência Complementar |
| EPC | — Entidade de Previdência Complementar |
| ESPCU | — Estatuto do Servidor Público Civil da União (Lei n. 8.112/90) |
| FAAP | — Fundo de Assistência ao Atleta Profissional (Lei n. 6.269/75) |
| FPAS | — Fundo de Previdência e Assistência Social |
| GO | — Estado de Goiás |
| GPS | — Guia da Previdência Social |
| IAP | — Instituto de Aposentadoria e Pensões |
| IAPAS | — Instituto de Administração Financeira da Previdência e Assistência Social |
| IN | — Instrução Normativa |
| INAMPS | — Instituto Nacional de Assistência Médica da Previdência Social (Lei n. 6.439/77) |
| INPS | — Instituto Nacional de Previdência Social (Decreto-lei n. 72/66) |
| INSS | — Instituto Nacional do Seguro Social |
| IPASE | — Instituto de Previdência e Assistência dos Servidores do Estado |
| IPC | — Instituto de Previdência dos Congressistas (Lei n. 4.284/63) |
| ISS | — Imposto Sobre Serviço |
| JRPS | — Junta de Recursos da Previdência Social |
| LB | — Lei Básica (de Portugal) |
| LBPC | — Lei Básica da Previdência Complementar (Lei Complementar n. 109/01) |
| LBPM | — Lei Básica da Pensão Militar (Lei n. 3.765/60) |
| LOPS | — Lei Orgânica da Previdência Social (Lei n. 3.807/60) |
| LTr | — Legislação do Trabalho e Previdência Social |

| | |
|---|---|
| MONGERAL | — Montepio Geral dos Servidores do Estado |
| MTPS | — Ministério do Trabalho e Previdência Social |
| NIT | — Número de Identificação do Trabalhador |
| NPTR | — Normas de Proteção ao Trabalho Rural (Lei n. 5.889/73) |
| ODS | — Ordem de Serviço |
| ON | — Orientação Normativa |
| PBPS | — Plano de Benefícios da Previdência Social (Lei n. 8.213/91) |
| PCSS | — Plano de Custeio e Organização da Seguridade Social (Lei n. 8.212/91) |
| PGC | — Consultoria da Procuradoria-Geral |
| PIS/PASEP | — Programa de Integração Social/Programa de Formação do Patrimônio do Servidor Publico |
| PSSC | — Plano de Seguridade Social dos Congressistas (Lei n. 9.506/97) |
| RCPS | — Regulamento do Custeio da Previdência Social (Decreto n. 83.080/79) |
| RESP | — Recurso Especial |
| RGPS | — Regulamento Geral da Previdência Social (Decreto n. 48.959-A/60) |
| RPPS | — Regime Próprio de Previdência Social (Lei n. 9.717/98) |
| RPS | — Regulamento da Previdência Social (Decreto n. 3.048/99) |
| RPS | — Revista de Previdência Social |
| RRPS | — Regulamento do Regime de Previdência Social (Decreto n. 72.771/73) |
| SAF | — Secretaria de Arrecadação e Fiscalização (do IAPAS) |
| SASSE | — Serviço de Assistência e Seguro Social dos Economiários (Lei n. 3.149/57) |
| SB | — Serviço de Benefício (do INPS) |
| SINPAS | — Sistema Nacional de Previdência e Assistência Social |
| SPC | — Secretaria de Previdência Complementar |
| SPS | — Secretaria de Previdência Social |

SSS — Serviço de Seguro Social (do INPS)
STF — Supremo Tribunal Federal
STJ — Superior Tribunal de Justiça
TCU — Tribunal de Contas da União
TFR — Tribunal Federal de Recursos
UARP — Unidade de Arrecadação da Receita Previdenciária

# INTRODUÇÃO

Desde que o PCSS e o PBPS o tornaram um contribuinte independente, não mais subordinado à pretérita condição de segurado obrigatório (uma característica proveniente do antigo cotizador dobrista) e no bojo de uma previdência contributiva, o facultativo pouco interesse despertou dos estudiosos do Direito Previdenciário. Além do nosso "O Contribuinte em Dobro e a Previdência Social", de 1984, nenhum estudo específico foi elaborado sobre este segurado.

No entanto, como se verá adiante, justificam-se algumas incursões sobre a situação prática e jurídica dessa ruptura da obrigatoriedade da previdência social exatamente para propiciar-lhe funcionalidade, objetividade e protetividade. Não se trata de tese de mestrado ou doutorado nem mesmo de dissertação acadêmica, reservadas a quem se dispuser a embrenhar na legislação previdenciária pensando na sistematização científica da matéria. Agora, limita-se a descrever essa figura distinta para que se possa melhor alcançar o fenômeno da proteção social.

Sem se despegar de sua origem, a par da sua facultatividade (era assinalado pela provisoriedade), esse intrigante tipo de segurado assumiu relevância, especialmente depois que a Lei n. 5.610/70 mandou computar as mensalidades aportadas como tempo de serviço. Mais ainda, quando a Lei Complementar n. 109/01 contemplou ambiente semelhante na previdência complementar com o autopatrocinado.

Num País sem um auxílio-desemprego à altura das necessidades econômicas e sociais e enfrentando um alto nível de informalidade, quem dispuser de recursos tem na filiação voluntária a possibilidade de completar o tempo de contribuição, integralizar o período de carência, melhorar o salário-de-benefício e ampliar o coeficiente, enfim preparar a renda mensal da aposentadoria.

Curiosamente, esse é o mais antigo segurado da previdência brasileira, provindo do montepio particular, no bojo do incipiente mutualismo da primeira metade do século XIX. Evoluiu desde a Lei Eloy de Miranda Chaves até os nossos dias.

Juridicamente, ele não guarda grandes inquietações científicas nem gera discussões acadêmicas, restando raras as manifestações jurisprudenciais, desfrutando de doutrina pacífica, uniforme e nivelada, e até refletindo certa tranqüilidade técnica.

Este ensaio tem por objetivo apresentar o segurado facultativo com suas características mínimas, sistematizando-o entre os segurados protegidos pelo RGPS, elucidando questões de pequena monta e relatar a sua trajetória histórica desde o Mongeral — art. 15 do Decreto Imperial s/n. de 22.6.1836 ("Diversos aspectos da Situação do Contribuinte em Dobro", in Supl. Trab. LTr n. 30/78). Nada além disso.

*Wladimir Novaes Martinez*

# CAPÍTULO I

## CONCEITO DE FACULTATIVO

Em seu art. 14, o PCSS diz que é "segurado facultativo o maior de 14 (quatorze) anos de idade que se filiar ao Regime Geral de Previdência Social, mediante contribuição, na forma do art. 21, desde que não incluído nas disposições do art. 12". Praticamente o mesmo texto, sem a referência ao art. 21 (que é matéria de custeio), reza o art. 13 do PBPS.

Na lei é o que mais se aproxima de uma definição. Ainda que *in fine* restrinja bastante, dizer que é aquele que se filiar ao RGPS é um início de redação precário, não explicando ser por vontade própria; afinal, todos os segurados filiam–se, inclusive os obrigatórios.

Se o rol do art. 12 do PCSS fosse exaustivo — e não é —, esse mecanismo de exclusão *contrario sensu* seria válido, esquecendo-se o legislador, nessa conceituação, que o importante, *in casu*, é a volição da pessoa. Intenção essa, cuja manifestação externa terá de ser determinada de algum modo (RPS, art. 11, § 3º).

Sabendo-se que os tribunais acolhem a inclusão de trabalhadores previdenciariamente menores de idade resulta que a menção à idade mínima (14 anos) é apenas para dizer que aí nasceria a capacidade contributiva, mas será que os magistrados estaduais ou federais desconstituiriam uma contribuição facultativa com idade inferior?

Fica clara, no relato legal, a relevância do pagamento. Não sendo juridicamente contribuinte individual, além da vontade (que não faz parte do texto, mas do entendimento doutrinário e do raro pensamento jurisprudencial), tem-se de que nada adiantará a manifestação da intenção — por exemplo, por meio de um requerimento protocolado — sem que a pessoa faça o recolhimento, pelo menos, da primeira cotização *a posteriori*.

Assim, além da idade mínima — afinal, a contar da EC n. 20/98 deve ser de 16 anos —, de não pertencer ao rol do art. 12 do PCSS e da externalização do desejo, é importante desembolsar a contribuição para que a pessoa se torne segurado facultativo. De certa forma, então a relação jurídica de inscrição nasceria exatamente na data do pagamento dessa primeira mensalidade, pouco relevando já ter solicitado ao INSS ou obtido o número de inscrição, mas retroagindo o tempo de contribuição para o mês de competência referenciado.

Como o universo das pessoas compreende os relatados no art. 12 e outros mais (não segurados) é melhor asseverar que para alguém se enquadrar como facultativo, não terá de ser um membro da clientela protegida, que é relativamente limitada e a ser enumerada.

Dessa forma, é segurado facultativo quem não exerce atividade remunerada (profissional ou econômica) que o vincule obrigatoriamente ao RGPS e que pensa ingressar na previdência social, demonstrando essa vontade mediante uma primeira contribuição.

Não faz parte do conceito estar apto ou não para o trabalho (ainda que a pessoa incapaz que ingresse no RGPS sofra restrições em matéria de benefícios por incapacidade). Nem que esteja recebendo um benefício não substituidor dos salários (caso do auxílio-acidente, auxílio-suplementar ou abono de permanência em serviço). Ou até mesmo de estar na condição do art. 47 do PBPS sem ter voltado ao trabalho (recebendo mensalidades da aposentadoria por invalidez diminuídas com o tempo).

Embora a narrativa legal faça menção ao RGPS como um universo que excluiria alguns segurados e ali não se encontra o servidor com regime próprio de previdência social, cuja presença o legislador não ignora e confirma com o art. 13, a partir do disposto no art. 201, § 5º, da Constituição Federal, o entendimento oficial é que o servidor não pode ser facultativo. Mas, curiosamente, se exercer alguma atividade da iniciativa privada, será segurado obrigatório (sic).

Legalmente, nos termos do mencionado art. 14 do PCSS é segurado facultativo o maior de 14 anos não filiado como segurado obrigatório que contribua para o RGPS.

Para o RPS (art. 11), além de falar em 16 anos, a descrição é mais completa, referindo-se a quem não esteja exercendo atividade remunerada que o enquadra como segurado obrigatório da previdência social e excepcionando a vedação constitucional, para quem está em licença não remunerada (art. 11, § 2º). Seu domínio é circunscrito com um rol de dez hipóteses possíveis. O art. 10 da IN n. 118/05 não foi muito além do RPS.

No Direito (palavra também reservada aos profissionais da medicina), com o PBPS, o vocábulo "facultativo" passou a apontar um segurado não obrigatório do RGPS. Dessa forma, ora designado como "contribuinte facultativo", ora como simplesmente "segurado facultativo", o certo é que define alguém que espontaneamente pode contribuir para a previdência social básica. Voluntarismo cifrado, a concepção jurídica, porque em alguns casos, não terá outra opção para obter a proteção como desejada.

A partir de 24.7.91, na legislação e na doutrina — embora ainda seja um pouco confundido com o autônomo —, essa nomenclatura substituiu a dicção "contribuinte em dobro", um tipo de segurado bem mais antigo, cuja origem legal remonta à década de 40. Historicamente, desde o Mongeral de 10.1.1835 (*sic*).

Efetivamente, em razão da alíquota adotada, assim era apontado aquele que desejasse manter a qualidade de segurado, quando estivesse em vias de perdê-la por estar desempregado. Muitos o chamavam de "dobrista", mas essa expressão não prevaleceu e perdeu-se no tempo.

Na previdência complementar, o cenário mais circunvizinho é do autopatrocinado, o participante que se afasta da patrocinadora, mas intenta continuar fazendo parte da entidade fechada e do seu plano de benefícios (LBPC, art. 14, IV), contribuindo pessoalmente, com praticamente o dobro que desembolsava antes e mantendo quase todos os direitos (só não são todos porque alguns dependem da condição de ativo). Em relação à previdência aberta, em que o segurado é verdadeiramente um facultativo, essa alcunha nunca existiu e ele é conhecido como adquirente de um plano de benefícios.

Para o art. 27 da Resolução MPS/CGPC n. 6/03 é "a faculdade de o participante manter o valor de sua contribuição e a do patrocinador, no caso de perda parcial ou total da remuneração recebida, para assegurar a percepção dos benefícios nos níveis correspondentes àquela remuneração ou em outros definidos em normas regulamentares". Dessa locução ressaltam alguns elementos essenciais: a) facultatividade da decisão; b) desejo de manter o nível da contribuição; c) ocorrência da perda parcial ou total da remuneração; e d) objetivar a melhor prestação complementar.

Tendo em vista que essa cópia da LBPC não correspondia à parte principal do instituto técnico, possivelmente não compreendido pelo legislador complementar, o parágrafo único acresce: "A cessação do vínculo empregatício com o patrocinador deverá ser entendida como uma das formas de perda total da remuneração recebida". Quer dizer, autopatrocinado é quem se afastou da patrocinadora, mas não deseja se afastar do plano de benefícios da sua entidade gestora, a demonstrar que o princípio da proteção vai além das intenções do empregador que institui um fundo de pensão para otimizar a relação empregatícia e congregar a melhor mão-de-obra.

De tudo isso resulta que facultativo é a pessoa que por volição própria deseja manter a condição de filiado a um regime de previdência social ao qual pertencia e a efetiva, inscrevendo-se, mediante contribuição diferenciada.

# CAPÍTULO II

# NATUREZA JURÍDICA

A figura de o segurado facultativo estar contida numa previdência eminentemente contributiva suscita o aprofundamento de sua essência técnica e a compreensão de seu papel na técnica protetiva previdenciária. Com efeito, ela nasceu da exceção e não da regra, isto é, constitui-se num instituto previsto para a hipótese de estar ausente, ainda que momentaneamente, a base material da filiação obrigatória, que é a presença do trabalho profissional ou econômico.

Maior introspecção ainda se impõe quando, em 1991, o legislador inovou e criou um protegido independente, referindo-se a alguém que necessariamente nunca laborou, alavancando a ascensão do viés de poupança como aplicação financeira ou de seguro privado, afastando-se do Direito do Trabalho, onde ele nasceu arrostando a natureza substitutiva da prestação securitária.

Se antes se aceitava a facultatividade como exceção e provisoriedade — um período de contribuição para suprir a filiação obrigatória momentaneamente faltante —, depois de 1991 há de se pensar numa situação, como dito, independente sem que necessariamente se choque com a contributividade (exceto com a forçada). O segurado que deseja a proteção socia,l com esse enquadramento, deverá forçadamente verter as contribuições todos os meses até que se realize o sinistro protegido.

A aparente oposição de idéias só existe na entrada e no afastamento do sistema, decretada pela vontade do titular, que difere da admissão e da saída dos segurados obrigatórios. Fora disso não há de se falar em discordância entre faculdade e dever (a busca de cobertura tornou-se parte da personalidade humana). Se existisse pleno emprego ou oferta de atividades para todos, não existiriam segurados facultativos.

Com o art. 25, § 1º do PBPS (possibilidade de um segurado obrigatório contribuir facultativamente, concepção que poderia ser estendida a quem não é segurado especial), será preciso constatar que essa técnica jurídica é solução para situações particulares. Adianta-se a legislação complementar quando autoriza o participante a implementar as suas bases de cálculos e contribuições (LBPC, art.14, IV). Vedar a extensão do art. 25, § 1º, para todos os segurados obrigatórios é anacronismo do RGPS.

A nuclearidade técnica e o âmago do facultativo devem ser buscados em seu papel: um importante auxiliar na proteção securitária para situações laborais especiais (perda da base da filiação obrigatória). Trata-se de substituto legal que autoriza a pessoa a contribuir distintamente do sistema tradicional.

Na verdade, muitas pessoas escapam da formalidade do autônomo (porque alguma atividade sempre elas exercitam), preferindo a informalidade do facultativo; esta reclama apenas a prova da contribuição (que pressupõe), a inscrição.

Aspecto ainda mais significativo é a desvinculação da base de cálculo, elástica no aporte facultativo e vinculada, nos demais casos. Se fosse eliminado o limite do salário-de-contribuição e melhor administrado o INSS, desapareceria a ameaça de qualquer privatização da previdência social, porque o Estado, a despeito de suas renitentes mazelas, ainda desfruta de maior credibilidade.

O facultativo, em razão da facultatividade de ingresso ao RGPS, afeta a teoria segundo a qual a contribuição social é tributária ou, como alguns preferem, espécie tributária distinta, mas tributária. Ela não logra enquadrá-lo no seu sistema inteiramente compulsório.

A rigor, no País reconhece-se um sistema exacional nacional, que contém dois subsistemas: a) tributário e b) de intervenção no domínio econômico (contribuição social), distinção que pode ser obtida na Carta Magna (o que não seria relevante).

Não se pode falar em tributo não obrigatório, mas exacionalmente ele é admitido, porque é protetivo (uma das características que o separa das demais expropriações estatais). Descabe menção à exigência tributária, mas, sim, à estatal, até porque se o indivíduo não contribuir mensalmente (como facultativo), não fará jus aos benefícios. Ele dispõe da volição de fazê-lo, mas se quiser as prestações, não tem escolha: terá de inscrever-se e recolher. Há, aí, uma compulsoriedade subjetiva. O assunto é complexo e merece reflexão. O exame desse cenário, que terá de estar compreendida em todo o sistema, nos levará à desejada distinção entre exação como expropriação estatal e as formas tributárias e não tributárias.

## CAPÍTULO III

## FONTES FORMAIS

Embora um tipo relevante de segurado e a solução de alguns problemas do dia-a-dia previdenciário, o facultativo não foi objeto de muitas fontes formais nem era lícito esperá-las. De todo modo, surpreende o fato de que, a par do segurado especial, este é um dos raros contribuintes expressamente mencionados na Carta Magna (art. 201, § 5º). Com uma pena: ali equivocada e restritivamente presente.

### 31. Fonte histórica

As fontes históricas têm interesse na medida em que se prestam para o estudo e para que os antigos enganos não sejam cometidos. Estudando-as, talvez os interessados compreendam melhor este fenômeno técnico da proteção social.

São lembradas as principais:

a) Lei Imperial s/n. de 10.1.835 (Mongeral);

b) art. 18 do Decreto Legislativo n. 4.682/23 (Lei Eloy Chaves);

c) art. 42 do Decreto Legislativo n. 5.109/26 (estendeu a previdência);

d) art. 2º do Decreto n. 10.465/31 (generalizou a proteção);

e) art. 1º do Decreto n. 819/38 (referiu-se ao empregado demitido);

f) art. 1º do Decreto-lei n. 2.004/40 (marco inicial da regulamentação);

g) art. 9º da LOPS (consolidou a legislação);

h) art. 10 do RGPS (regulamento da LOPS);

i) Lei n. 5.610/70 (cômputo do tempo de contribuição);

j) Portaria MTPS n. 3.286/73 (restrições ao servidor);

k) art. 9º do Decreto n. 77.077/76 (primeira CLPS);

l) art. 11 do Decreto n. 72.771/73 (regulamento da primeira CLPS);

m) art. 9º do Decreto n. 83.080/79 (regulamento da Lei n. 6.439/77);

n) art. 9º do Decreto n. 89.312/84 (segunda CLPS);

o) item 17 da Portaria SPS n. 29/75 (disposição administrativa);

p) itens 21/23 da Portaria SPS n. 2/79 (definição do segurado);

q) Lei n. 7.004/82 (Programa de Previdência Social aos Estudantes).

## 32. Constituição Federal

Embora genérica e obrigando à interpretação, consubstanciadora de um princípio fundamental, a primeira norma constitucional é o art. 194, parágrafo único, I, da Carta Magna de 1988, quando diz: "universalidade da cobertura e do atendimento". Todos os trabalhadores brasileiros ou estrangeiros, inclusive os desempregados, e quiçá, os nunca exercentes de atividades profissionais ou econômicas, podem ser admitidos na previdência social.

Antes da EC n. 20/98, o § 1º do art. 201 da Lei Maior esclarecia: "Qualquer pessoa pode participar dos benefícios da previdência social, mediante contribuição na forma dos planos previdenciários", disposição que não mais compareceu a partir de 16.12.98.

Atualmente, inovando, diz o § 5º do art. 201 da Lei Maior, na redação dada pela EC n. 20/98: "É vedada a filiação ao Regime Geral da Previdência Social, na qualidade de segurado facultativo, de pessoa participante de regime próprio de previdência". Isso deve ser lembrado, porque até a EC n. 20/98 o Texto Superior autorizava qualquer pessoa a fazer parte da previdência social (o que, doutrinariamente, não mudou).

O dispositivo surpreende por estar na Carta Magna, seu preciosismo regulamentador ofende a universalidade e é a única restrição que se ali colhe e, ainda mais, por sua localização.

Seu descuidado idealizador talvez não tenha noção do que seja norma de superdireito; ao se referir ao RGPS esqueceu-se do *contrario sensu* e, assim, a rigor, quem está filiado ao regime geral não poderia se filiar facultativamente exatamente no regime próprio a que alude. Espera-se que não passe pela cabeça de ninguém que o autopatrocínio do art. 14, IV, da Lei Complementar n. 109/01 seria por ele afetado ou entender o complementar como um regime próprio.

## 33. Normas legais

De modo geral, o facultativo comparece no art. 14 do PCSS e, em particular, no art. 25, § 1º, ao autorizar o segurado especial a recolher facultativamente.

Em matéria de contribuição sua taxa está prevista no art. 21 e a base de cálculo no art. 28, IV. Volta a ter presença no art. 30, II, do PCSS, quando é fixado o prazo para o recolhimento da sua contribuição mensal.

No PBPS, as referências são inúmeras:

a) possibilidade de filiação (art. 13);

b) manutenção da qualidade (art. 15, VI);

c) direito ao salário-maternidade (no art. 25, III);

d) cômputo do período de carência (art. 27); e

e) integralização do tempo de contribuição (art. 55, III).

## 34. Regulamento da Lei

O Decreto n. 3.048/99 (RPS) é o regulamento das Leis ns. 8.212 (PCSS) e 8.213 (PBPS), ambas de 24.7.91. Explicando melhor sua natureza, diversas disposições são colhidas no art. 11 do RPS, com as seguintes situações:

a) definição do direito (*caput*);

b) dona de casa (inciso I);

c) síndico de condomínio (inciso II);

d) estudante (inciso III);

e) cônjuge de brasileiro no exterior (inciso IV);

f) ex-segurado obrigatório (V);

g) membro de conselho tutelar (inciso VI);

h) bolsista e estagiário (inciso VII);

i) bolsista pesquisador (inciso VIII);

j) presidiário (inciso IX);

k) brasileiro no exterior (inciso X);

l) exclusão do servidor (§ 2º);

m) data da filiação (§ 3º);

n) manutenção da qualidade (§ 4º).

## 35. Entendimento administrativo

Os atos normativos ou pareceres vinculados baixados a respeito do facultativo têm longa tradição. Historicamente, talvez o mais importante seja o Prejulgado n. 8 da Portaria MTPS n. 3.286/73, adiante examinado em particular.

Os itens 17/18 da Portaria SPS n. 29/75 dispuseram sobre o facultativo, destacando as diversas situações do eclesiástico que até 7.10.79 era facultativo, reportando-se a vedação ao servidor (subitem 11.3).

A ODS n. 564/97 estendeu-se longamente (subitens 2.2 a 2.6.1), tratando em particular de: a) servidor (subitens 2.221 e 2.6); b) enquadramento no salário-base (2.3); c) aposentadoria (2.3.11); d) enquadramento (2.4); e) menos de seis meses (2.4.1); e f) cargo eletivo (2.5).

A IN n. 57/01 reportou-se ao empregador rural da Lei n. 6.260/75 como um facultativo (art. 2º, VI, a/d).

A IN n. 71/02 cuidou de diversas situações, tratando do "brasileiro residente ou domiciliado no exterior, salvo se filiado a regime previdenciário de país com o qual o Brasil mantenha acordo internacional" (art. 5º, k).

A IN n. 84/01 enfatizou como facultativo (sic) "o estagiário de advocacia" (art. 2º, VI, e), reconhecidamente um contribuinte individual remunerado.

## 36. Instrução Normativa

A IN INSS/DC n. 118/05 é o ato normativo administrativo vigente que se posta na base da hierarquia das fontes formais; ela pormenoriza situações particulares não previstas no RPS, no PCSS ou no PBPS. Quando não contraria à lei ou ao espírito da mens legis suscita a mesma eficácia da norma ordinária.

Em seu art. 10, relata várias situações:

a) instituição (letra a);

b) síndico de condomínio (letra b);

c) percipiente de auxílio-acidente ou de auxílio-suplementar (letra c);
d) bolsista e estagiário (letra d);
e) brasileiro no exterior (§ 1º);
f) retorno à contribuição (art. 13);
g) benefício por incapacidade (art. 13, § 1º);
h) perda da qualidade (art. 20, VI);
i) mudança da data do vencimento (art. 21);
j) data mínima para filiação (art. 32);
k) abono de permanência em serviço (art. 35);
l) fracionabilidade da contribuição (art. 36);
m) inscrição via PREVfone (0800780191) ou internet (art. 39, § 2º);
n) inscrição por terceiros (art. 40);
o) inscrição (art. 41);
p) recolhimento trimestral (art. 43);
q) primeiro recolhimento (art. 47).

## 37. Jurisprudência judicial

Diante da singeleza do tema, são raras as manifestações do Poder Judiciário federal (e estadual, se existirem dirão respeito às prestações acidentárias). A maior parte das questões tem sido resolvida no contencioso administrativo no âmbito da JRPS e do CRPS. Infelizmente não mais foram publicados os "Acórdãos do CRPS", que permitiam a divulgação das decisões das Câmaras de Julgamento — CAJ.

## 38. Doutrina nacional

Praticamente todos os autores que escreveram sobre previdência social destacaram um tópico sobre este segurado, sua filiação, sua inscrição e suas contribuições.

A maioria concorda com o conceito ordinariamente acolhido e, mesmo sopesando a contributividade da proteção social, não discutiram a exclusão do servidor público com regime próprio de previdência social.

No passado, convém recordar o artigo de *Lauro Maciel Severiano*, que comentou a inexistência do salário-declarado ("Os Direitos do Contribuinte em Dobro Perante a Previdência Social", *in* Revista LTr n. 44/152).

Uma Batalha de Itararé quase começou com a nossa oposição ao Juiz Federal *Hugo de Brito Machado*, quando este magistrado sustentou: "Não há, efetivamente, uma categoria de segurado do INPS denominada dobrista. Ou conserva-se ele na categoria anterior, que era, no caso do impetrante, a de empregador, ou passa a ser da categoria dos facultativos" (*in* "Notas a Propósito de Uma Decisão do TFR em Relação aos Contribuintes em Dobro", *in* Revista LTr n. 44/1111).

O Juiz federal *Vicente Leal Araujo*, citado na decisão anterior, laborou em lapso ainda maior; argumentava que o segurado poderia manter a qualidade anterior sem assumir a de facultativo.

### 39. Norma complementar

A regra sobre a previdência fechada, historicamente é o art. 42, § 7º, da Lei n. 6.435/77 e o art. 12, § 3º, do Decreto n. 81.240/78.

O Decreto n. 2.111/96 alterou o art. 31, VII, do Decreto n. 81.240/78, tratando do autopatrocínio, dispondo: "é facultada a manutenção dos pagamentos por parte do participante, no caso de extinção do contrato de trabalho sem justa causa, acrescidos da parte da patrocinadora, para a continuidade da participação ou a redução dos benefícios em função dos pagamentos efetuados até a data daquela extinção".

Atualmente, vige o art. 14, IV, da Lei Complementar n. 109/01, a principal fonte consultável. Administrativamente, as Resoluções CGPC ns. 9/02 e 6/03 e SPC n. 5/03, consideradas no capítulo próprio.

Como um postulado superior, não pode ser esquecido o *caput* do art. 16 da LPBC quando afirma que: "Os planos de benefícios devem ser, obrigatoriamente, oferecidos a todos os empregados dos patrocinadores ou associados dos instituidores", um subproduto da universalização constitucional horizontal.

Administrativamente, recorda-se que o art. 37, IX ("deixar de incluir no plano de benefício os institutos garantidos na Lei Complementar n. 109, de 29 de maio de 2001, observada a forma regulamentada, ou cercear a faculdade de seu exercício pelo participante"), do Decreto n. 4.206/02, espécie de regulamento da LBPC, de modo geral dispôs sobre o autopatrocinado.

## 40. Última mudança

A Lei n. 9.876/99, de alguma forma um regulamento da EC n. 20/98, linha de corte que separa a previdência social anterior da que recriou, bem mais contributiva, quando combinada com a Lei n. 10.666/03, alterou significativamente a disciplina do facultativo (e dos contribuintes individuais), principalmente, definindo a sua base de cálculo (salário-declarado).

# CAPÍTULO IV

## EVOLUÇÃO HISTÓRICA

A evolução da legislação pertinente ao facultativo pode ser dividida em seis fases: a) pré-história — de 1835 até 1940; b) estruturação — do Decreto-lei n. 2.004/40 até a LOPS; c) consolidação — da LOPS até a Lei n. 5.610/70; d) cômputo do tempo de serviço — de 1970 até o PBPS; e) ampliação da clientela — Lei n. 8.213/91 até 1999; e f) Lei n. 9.876/99 em diante.

Antes de ser segurado obrigatório, às vezes, a pessoa era juridicamente facultativa, como aconteceu com o empresário, antes da LOPS (1960), o eclesiástico até 7.10.79 (Lei n. 6.696/79), o doméstico, que se tornou obrigatório em 1972 (Lei n. 5.859/72).

### 41. Mongeral de 1835

A primeira referência legislativa, certamente a mais antiga norma jurídica previdenciária, acha-se no Decreto Imperial s/n. de 10.1.1835, quando se deu a criação do Montepio Geral dos Servidores do Estado (Mongeral).

Seu art. 75 dizia: "o empregado que for sentenciado a simples perdimento do emprego, ou demitido a arbítrio do Governo, nos casos em que a este é permitido fazê-lo discricionariamente, poderá continuar a concorrer com a quantia que lhe tocava, ou a receber a com que tiver contribuído, conforme preferir".

Salienta-se que nessa lei, a primeira a esboçar uma regulamentação do seguro social brasileiro, dispunha-se a respeito da manutenção de direitos (inclusive, como se vê nessa modalidade de resgate, sobre a devolução da contribuição devida). Revela-se o cuidado do legislador pátrio que, clarividente, inseriu no contexto previdenciário a idéia da continuidade contributiva como concepção protetiva. Interessa assinalar, igualmente, que, com a criação da figura, institucionalizava-se a facultatividade própria do regime, característica que se manteria até os nossos dias.

A lei não esclarecia quais os direitos adquiridos, os mantidos, nem aqueles que poderiam ser assegurados em razão da nova contribuição, devendo-se entender que seriam os que estivessem integrados no patrimônio dos beneficiários (previstos na própria lei).

Este instrumento legal, de muitos artigos, é anterior à legislação austríaca de 1845 e à alemã de *Otto Von Bismarck*, de 1883, ainda que no campo específico do mutualismo, uma grata surpresa para o pesquisador. Contém a maior parte dos institutos jurídicos securitários hoje conhecidos, concebidos em 1888, antes da Lei Eloy Chaves (*sic*).

## 42. Lei Eloy Chaves

Ainda com a particularidade de ser simples a contribuição, e não duplicada, outra menção histórica é a Lei Eloy de Miranda Marcondes Chaves (Decreto Legislativo n. 4.682/23) no âmbito da então Previdência Social básica de direito público. Ela fixava: "Os empregados ou operarios que forem declarados dispensados por serem prescindiveis os seus serviços ou por motivo de economia, terão direito a continuar a contribuir para a Caixa, se tiverem mais de cinco anos de serviço, ou a receber as importancias com que para ella entraram" (art. 18).

Nota distintiva desta disposição, em relação à anterior (do Mongeral), é o período de carência de cinco anos exigido para a aquisição do direito de ser contribuinte facultativo, condição essa que desapareceria a partir do Decreto-lei n. 2.004/40.

Além da hipótese de perda do emprego por demissão, presente na lei imperial de 1835, compareciam as demissões por interesse do empregador. Ainda não era contemplada a possibilidade do trabalhador afastar-se do trabalho por vontade própria e poder continuar contribuindo.

A Lei Eloy Chaves autorizou a criação de Caixas de Aposentadoria e Pensões entre os ferroviários, em nível nacional e é, por isso, considerada pela maioria dos estudiosos, como a primeira lei brasileira de previdência social e, para muitos, o berço do nosso seguro social. Tinha por clientela apenas os empregados, razão pela qual somente eles, quando demitidos, podiam continuar pertencendo às CAP e, mais tarde, IAP.

## 43. IAP e CAP

No seguro social, a década de 30 foi marcada pela criação dos Institutos de Aposentadorias e Pensão — IAP, cada um deles relativo a uma categoria de trabalhadores.

Conforme dispunha o Decreto n. 20.465/31: "Continuarão a ser associados, nos têrmos do art. 2º, os empregados das emprêsas, a que esta lei se aplicar, que, por determinação das respectivas administrações, passarem a prestar serviços temporários em outras emprêsas, a que a presente lei não tiver sido aplicada, e continuarem, bem como a emprêsa a que pertenciam, a pagar as respectivas contribuições" (art. 3º). Note-se que era facultativo quem deixasse o sistema protetivo e continuasse trabalhando.

O que completasse mais de dez anos de serviço poderia continuar contribuinte da CAP, se pagasse em dobro as mensalidades, dizia o art. 53, § 3º, do Decreto n. 21.081/32, quando surge a dúplice contribuição, a ser oferecida a todos os segurados.

O Decreto Legislativo n. 5.109/26 estendeu a Lei Eloy Chaves para as empresas não ferroviárias e, em seu art. 42, previa uma curiosa figura de dobrista obrigatório: "Nos casos de ausência do ferroviário, por licença demorada até um ano, e sem remuneração até três meses, terá o tempo de ausência computado como efetivo, uma vez que as contribuições sejam feitas regularmente sobre ordenado ou vencimento normal, cabendo sempre às estradas essa cobrança".

O Decreto-lei n. 819/38 autorizou o empregado demitido a pagar em dobro, embora sem fazer jus à aposentadoria ordinária. Ele dispunha: "Ao empregado de qualquer emprêsa, que dela for dispensado, é facultado continuar a contribuir para instituição de Previdência Social em que esteja inscrito, desde que a dispensa não haja sido fundada em crime por êle praticado, contrário à segurança nacional, à ordem política ou social, à segurança da pessoa ou ao direito de propriedade" (art. 1º).

E, pela primeira vez, determinou-se quando ocorreria a perda da qualidade de segurado desse facultativo: após seis meses (art. 2º, parágrafo único).

### 44. Decreto-lei n. 2.004/40

No sentido hodierno de direito subjetivo, independentemente de maiores condições, o contribuinte em dobro surgiu com o Decreto-lei n. 2.004/40. A esse tempo, ainda extensível exclusivamente aos empregados, principais beneficiários da previdência social, valia para os suspensos, licenciados sem vencimentos (art. 1º, § 1º), ou àqueles que passassem a desempenhar atividades não abrangidas pelo seguro social (art. 2º).

Ao Estado, supletivamente, cabia aportar com uma taxa equivalente à metade da quantia do contribuinte em dobro (art. 4º, § 2º). A contribuição mantinha-se dobrada (art. 4º) e o segurado tinha direito aos benefícios, com base no tempo de serviço (art. 8º).

O Decreto-lei n. 2.004/40 tinha a seguinte redação: "Ao associado, ou segurado que ficar desempregado, é facultado continuar a contribuir para o respectivo Instituto de Caixa de Aposentadoria e Pensões, com direito aos benefícios e vantagens pelos mesmos concedidos" (art. 1º). Considerava-se desemprego a dispensa ou falta de trabalho. Havia definição do salário-de-contribuição, correspondendo ao último salário e variando esse valor e a sua metade (art. 2º, § 1º). A perda da qualidade de facultativo dava-se aos 12 meses (art. 5º).

O Decreto-lei n. 2.043/40 alterou o art. 1º do Decreto-lei n. 2.004/40, recriou a condição instituída pelo Decreto-lei n. 819/38 (quanto aos crimes), porém, o Decreto-lei n. 8.821/46 estabeleceu a redação original do Decreto-lei n. 2.004/40.

### 45. LOPS e RGPS

Uma fase marcante da ascensão do facultativo deu-se com a Lei Orgânica da Previdência Social — LOPS (Lei n. 3.807/60), nela determinando-se que: "Ao segurado que deixar de exercer emprêgo ou atividade que o submeta ao regime desta lei é facultado manter a qualidade de segurado, desde que passe a efetuar em dôbro, o pagamento mensal da contribuição" (art. 9º).

Numa redação inusitada, em relação a que se veria a seguir, a LOPS foi regulamentada pelo Regulamento Geral da Previdência Social — RGPS (Decreto n. 48.959-A/60): "Esgotados os prazos referidos no art. 9º e seu § 1º, é facultado ao segurado manter essa qualidade, mediante comunicação desse propósito ao Instituto a que estiver filiado, apresentada até o último dia do mês seguinte ao da expiração do mencionado prazo e acompanhada da prova de haver estado em qualquer das situações previstas no mesmo artigo e seu § 1º e de encontrar-se em uma das enumeradas no item II" (RGPS, art. 10).

O traço característico da situação do dobrista, na LOPS, é que ela podia ser assumida por segurados de qualquer espécie. A nova lei passou a dizer "segurado" em vez de empregado e a referir-se a desemprego ou ausência de atividade, abarcando, assim, todas as ocupações que levam à condição de segurado. Da mesma forma, ampliaram-se as hipóteses de dúplice contribuição. Já não se impunham tantas exigências ao trabalhador.

Aspecto negativo da LOPS, que não deve ser esquecido, é que ela revogou o Decreto-lei n. 2.004/40, no tocante ao cômputo do tempo de serviço. A contagem do tempo de mensalidades dobradas com tempo de serviço foi restabelecida somente em 1970.

### 46. Lei n. 5.610/70

A Lei n. 5.610/70 alterou o art. 9º da LOPS, acrescentando-lhe um § 3º, com a seguinte redação: "Para os efeitos de aposentadoria com base no tempo de serviço, serão computados, como se fôssem de serviço efetivo, os meses que corresponderem às contribuições pagas na forma deste artigo".

Com o passar do tempo até mesmo esse escopo foi ampliado e o período considerado para todos os fins (carência, coeficientes, etc.).

Dúvida sobre a data a partir da qual poderia a pessoa contribuir desapareceu com decisão do DNPS: "é lícito ao segurado contribuinte em dobro desde o primeiro mês em que se ache desempregado", devendo-se entender aí, segurado inativo, aduzindo-se que "esse direito não interfere com a faculdade de aquele segurado, ao desempregar-se, deixar de contribuir durante o chamado 'período de graça', sem perder aquela qualidade" (Resolução CD/DNPS n. 249/71).

### 47. Portaria MTPS n. 3.286/73

Em 1973 inicia-se um processo administrativo de oposição ao servidor poder, paralelamente, contribuir em dobro, linha de raciocínio que chegaria à Carta Magna (CF, art. 201, § 5º).

Dispunha o Prejulgado n. 8-a da Portaria MTPS n. 3.286/73 que: "A contribuição em dobro tem a finalidade de possibilitar ao segurado, ao se desempregar ou passar a exercer atividade não coberta por qualquer seguro de previdência, continuar vinculado ao sistema geral. Desde que o segurado passe de uma atividade abrangida pela Previdência Social para outra, coberta por seguro ou regime específico, não cabe falar em contribuição em dobro, salvo nos casos de suspensão ou licenciamento de emprego, sem remuneração (art. 9º, III)".

O Prejulgado n. 8-b obstava essa filiação para o servidor autárquico do INSS. Já o 8-c impedia o servidor público em geral. Finalmente, o 3-c afastava o servidor do regime do RGPS, como facultativo, caso ingressasse em regime próprio.

A Resolução CD/DNPS n. 375/70 deixou claro que "o segurado que deixar de exercer atividade vinculada a outro regime de Previdência Social não poderá contribuir em dobro para o INPS" (sic). A ODS SAF n. 29.930/73 esclareceu pontos obscuros da legislação.

**48. CLPS e RCPS**

Consolidando a LOPS e a legislação subseqüente à sua edição (embora sem citar expressamente a Lei n. 5.610/70), a primeira Consolidação das Leis da Previdência Social — CLPS (Decreto n. 77.077/76) dispôs amplamente sobre o facultativo: "Aquele que deixar de exercer atividade abrangida pelo regime desta Consolidação poderá manter a qualidade de segurado, desde que passe a efetuar em dobro o pagamento mensal da contribuição de que trata o item I do art. 128. O pagamento de que trata este artigo deve ser feito a contar do segundo mês seguinte ao da expiração do prazo do art. 9º e não pode ser interrompido por mais de 12 (doze) meses consecutivos, sob pena de perda da qualidade de segurado. § 2º Dentro do prazo do § 1º não será novo pagamento de contribuições sem que sejam pagas as contribuições relativas ao período da interrupção" (art. 11). Igualmente, teve assento na segunda CLPS (Decreto n. 89.312/84) e que valeu até o PBPS (art. 11).

Editada em substituição à Portaria SPS n. 29/75, a Portaria SPS n. 9/78 dispunha respeito ao contribuinte em dobro. "Quem deixa de exercer atividade sujeita ao regime da CLPS pode manter a qualidade de segurado, mediante contribuição em dobro sobre um salário-declarado (CLPS, 10, RRPS, 9 e 10)", sem nenhuma referência do tempo de serviço (item 29).

O Regulamento do Custeio da Previdência Social – RCPS (Decreto n. 83.080/79) disciplinou o art. 9º da LOPS, com a seguinte redação; "O segurado que deixar de exercer atividade abrangida pela previdência social urbana pode manter essa qualidade desde que passe a efetuar em dobro o pagamento mensal da contribuição de que trata a letra a do item I do art. 33" (RCPS, art. 9º).

## 49. PBPS e RPS

Com o Plano de Benefícios da Previdência Social — PBPS (Lei n. 8.213/91) e uma década depois, com as Leis ns. 9.876/99 e 10.666/03, o conceito de segurado facultativo sofreu uma de suas maiores transformações históricas.

A partir de 1º.11.91 tornou-se um contribuinte independente, com características próprias sem subordinação a nenhuma situação anterior.

Quem nunca trabalhou nem irá trabalhar pode recolher contribuições e se aposentar por tempo de contribuição, 35 anos depois ou por idade (aos 55 se mulher ou 60 se homem, caso sejam rurícolas, e aos 60 anos, se mulher ou 65 anos, se homem, citadinos).

Mas ainda estava vinculado ao regime contributivo do salário-base da antiga Lei n. 5.890/73 e suas transformações operadas desde o PBPS, dele se afastando a contar da Lei n. 9.876/99.

## 50. Salário-declarado

Uma espécie de regulamentação da EC n. 20/98, além de introduzir o fator previdenciário e um novo período básico de cálculo, a Lei n. 9.876/99 criou a denominação legal de "contribuinte individual" e dispôs sobre o facultativo que, a partir dela teve sua base de cálculo livre (salário-declarado). O Decreto n. 3.265/99 e a IN n. 118/05 esmiuçaram a matéria.

CAPÍTULO V

## CLIENTELA PROTEGIDA

Diferentemente do contribuinte em dobro, submetido a um domínio mais restrito, a descrição do facultativo inclui inúmeras pessoas físicas, entre as quais algumas que eram tidas como não segurados.

Se antes de 1991, a lei admitia apenas o indivíduo sem emprego ou sem atividade que deixou de usufruir dessa condição social, como imposição para a filiação facultativa, a partir do PBPS passou a ser direito subjetivo de qualquer pessoa não filiada obrigatoriamente ao RGPS. Especialmente para alguém que, exatamente, esteja discutindo com o INSS o reconhecimento de sua filiação ou inscrição.

O cooperado, associado de cooperativa de produção ou de trabalho da Lei n. 5.764/71, é segurado obrigatório (IN n. 118/05, art. 4º, XII/XIII), às vezes até mesmo na condição de segurado especial. Perdendo esse *status* jurídico-previdenciário tem como continuar contribuindo como facultativo.

O RPS (art. 11) e a IN n. 118/05 (art. 10) explicitam situações particulares, a serem examinadas. Algumas merecem reflexão. Por exemplo, aqueles que a IN n. 118/05 não considera segurados especiais, mas também não apresentam as características de segurados obrigatórios, caso dos "filhos menores de vinte e um anos, cujo pai e mãe perderam a condição de segurados especiais, por motivo do exercício de outra atividade remunerada, salvo se comprovarem o exercício da atividade rural individualmente" (art. 7º, § 5º, III). Com mais de 16 anos podem ser facultativos.

Outro cenário bem particular é o do sócio cotista sem retirada *pro labore* ou sem exercer atividade na sociedade por quotas de responsabilidade limitada e daquele que arrenda propriedade, nos casos caracterizados como percipientes de lucro, dividendos ou alugueres e que, por isso, não são segurados obrigatórios.

### 51. Qualquer pessoa

Em face do princípio constitucional da universalidade de cobertura (CF, art. 194, parágrafo único, I), a partir do texto do PBPS, qualquer pessoa física com mais de 16 anos (e sem qualquer limite máximo de idade) que não esteja vinculado compulsoriamente ao RGPS, tem o poder de se inscrever e contribuir como segurado facultativo, com isso filiando-se, estando ou não apto para o trabalho (RPS, art. 11).

Não há, nem pode haver, impedimento para o incapaz trabalhar, porque a relação jurídica estabelecida entre o facultativo e a Previdência Social não visa apenas as prestações por incapacidade. Apenas e tão-somente, eventualmente ele não terá direito aos benefícios gerados pela inaptidão, mas poderá se aposentar por tempo de contribuição após 420 mensalidades (homem) ou 360 mensalidades (mulher) e por idade.

Estrangeiros aqui residindo tem permissão para, a qualquer tempo e sem nenhum prazo para isso, inscreverem-se (invertendo a ordem natural das coisas previdenciárias) e se filiarem, passando a contribuir para a Previdência Social.

Subsistem restrições administrativas para quem está em gozo de certos benefícios, como as aposentadorias definitivas e, como se verá adiante, para os servidores civis ou militares submetidos a regime próprio de previdência social e para os brasileiros ou estrangeiros que residem no exterior. A Portaria MPS n. 2.795/95, impondo duas condições discutíveis (ser brasileiro e não estar filiado a regime próprio), afirmava poder o residente no exterior contribuir como facultativo.

### 52. Desempregado ou inativado

Quem perdeu o emprego, isto é, o trabalhador cujo contrato de trabalho regido pelo art. 3º da CLT foi rompido, sem importar a causa do desfazimento do vínculo jurídico, pode ser facultativo (RPS, art. 11, V). Claro, por identidade de situação o avulso.

Por contrato de trabalho se entenderá a atividade do empregado, temporário, servidor sem regime próprio, avulso ou doméstico (todos, segurados obrigatórios). Até mesmo os não registrados (arrolados no "qualquer pessoa").

Embora a expressão seja raramente utilizada, pode-se chamar de desativado a pessoa física que praticava atividade não subordinada, como empresário, autônomo, eventual, eclesiástico, segurado especial e outros mais e que, sem exercício da atividade, se quiserem, também podem inscrever-se como facultativo.

A situação do eclesiástico é um pouco mais sutil, porque canonicamente é raro ele perder as vestes monacais, especialmente no âmbito do mundo cristão, mas fora dele, isso é possível. Em seu art. 5º, V, *g*, alude a ex-membros de institutos de vida religiosa, de ordem ou congregação religiosa, após ter expirado o tempo da admissão de seus votos temporários ou por dispensa de seus votos, sem explicitar quem, mas certamente podendo continuar filiados facultativamente.

O servidor sem regime próprio de previdência social, portanto segurado obrigatório do RGPS, é um caso igualmente especial já que presta serviços para o Estado. Perdendo essa condição poderá contribuir com os 20% do salário-declarado.

## 53. Estudante desempregado

O estudante quando não exerce atividade remunerada, desde que desapareceu o Programa de Previdência Social aos Estudantes da Lei n. 7.004/82 — que, *per se*, particularmente dentro da facultatividade do regime permitia certa continuidade filiativa em relação aos estudos cessados—, restou sem cobertura previdenciária (PBPS, art. 137).

Entretanto, na condição de qualquer pessoa também pode ser facultativo (RPS, art. 11, *c*). Em, certamente raríssimos casos, alguns estarão recebendo os pequenos benefícios daquela lei e isso não será obstáculo para se filiarem ao RGPS.

O estudante não deve ser confundido com o estagiário, menor de idade, menor aprendiz, nem com o médico-residente, que desfrutam de disciplina particular na previdência social.

## 54. Dona de casa

A dona de casa é mencionada expressamente, para que não paire dúvidas, porque não deixa de ser a mesma "qualquer pessoa", filiando-se voluntariamente, ainda que tenha doméstico a seu serviço e seja um empregador doméstico, condição que, *per se*, não a filia obrigatoriamente ao RGPS (RPS, art. 11, *a*).

A EC n. 47/05 regrou sobre um regime especial a ela destinado e às pessoas de baixa renda, a ser futuramente regulamentado, devendo-se aguardar o que dirá a lei ordinária.

## 55. Síndico de condomínio

Diante da natureza previdenciária atípica do condomínio residencial como espécie de entidade civil empresarial, a prestação *in natura* auferida indiretamente recebida pelo síndico do condomínio (não confundível com o zelador, que é empregado), na condição de administrador de coisa alheia, dispensado, não pagando a fração condominial, tem permissão administrativa para a facultatividade (RPS, art. 11, *b*). Na hipótese, bastante comum, de também trabalhar fora, não poderá fazê-lo como tal.

Segundo o art. 10, *b*, da IN n. 118/05, no período de 25 de julho de 1991 (PBPS) até 5 de fevereiro de 1997 (Decreto n. 2.172/97) ele é citado expressamente como segurado facultativo. Depois dessa data, se remunerado, é tido como contribuinte individual (IN n. 118/05, art. 4º, VII).

## 56. Conselheiro tutelar

A Lei n. 8.069/90 criou o Conselho Tutelar. Para o art. 11, VI, do RPS, o seu membro é facultativo, conforme o art. 132 "quando não esteja vinculado a qualquer regime de previdência social" (*sic*), explicação que às vezes o administrador resolve acrescentar em relação a alguma pessoa, se remunerado, consoante o art. 5º, XV, da IN n. 118/05, é contribuinte individual.

## 57. Estagiário e bolsista

Abstraindo a situação do médico-residente da Lei n. 6.932/81 — contribuinte individual, que não deixa de ser uma modalidade de estagiário —, exercente de atividade remunerada não tido como empregado nem autônomo, cujo aperfeiçoamento profissional destina-se a ele próprio e que, embora crie riquezas para a empresa — normalmente hospital ou faculdade de medicina — tem nas tarefas que executa a possibilidade de aprender ou de aperfeiçoar o seu conhecimento (Lei n. 6.49477).

Um das mais antigas disposições sobre esse trabalhador, quando não classificado como segurado obrigatório (exceto se desvirtuada a relação jurídica) é a Portaria MTPS n. 1.002/67, que trata do contrato entre a empresa e a escola (CIE-E). Quem opere sob sua supervisão pode se inscrever como facultativo, já que quem recebe bolsa de estudos não é segurado obrigatório.

## 58. Brasileiro no exterior

A filiação ao RGPS dos nacionais e estrangeiros residentes no exterior continua ainda um tanto confusa diante da dificuldade do legislador de decidir a natureza da previdência social brasileira, às vezes regulando a situação daqueles aqui contratados para prestarem serviços fora do território nacional, caso dos empregados regidos pela CLT e do servidor.

O art. 10, § 1º, da IN n. 118/05 dispõe particularmente sobre o servidor, dizendo que o "brasileiro que acompanha cônjuge em prestação de serviços no exterior poderá filiar-se à condição de segurado facultativo, ainda que na condição de servidor público civil ou militar dos Estados, do Distrito Federal ou dos Municípios ou de suas respectivas autarquias ou fundações, sujeito ao Regime Próprio de Previdência Social, desde que afastado sem vencimentos", excepcionando a regra que veda o servidor de filiar-se ou manter-se no RGPS (CF, art. 201, § 5º).

## 59. Percipiente de benefício

Quem está recebendo o auxílio-acidente ou auxílio-suplementar e não esteja trabalhando não tem qualquer problema em contribuir voluntariamente (IN n. 118/05, art. 10, c), tendo esquecido-se o administrador do percipiente do abono de permanência em serviço desempregado.

O titular de pensão por morte também não encontra obstáculo para a filiação facultativa.

A idéia de um aposentado filiar-se é um pouco mais sutil, desembocando na teoria da desaposentação.

## 60. Presidiário recolhido

Quem está cumprindo pena sem ser classificado como segurado obrigatório (IN n. 118/05, art. 5ºº, XVII), ainda que tenha outorgado auxílio-reclusão para os seus dependentes, tem a possibilidade legal para contribuir como facultativo.

Essa é a situação em que a filiação excepcional atinge resultados previdenciários inesperados. O reeducando tem nessa contribuição o ensejo de, após o cumprimento da pena (quando é difícil a ressocialização), vir a receber algum benefício de que dependa a contribuição. A diminuição da liberdade física não significa a impossibilidade de exercitar direitos previdenciários.

## CAPÍTULO VI

## CARACTERÍSTICAS BÁSICAS

O exame das nuanças fundamentais deste segurado (e até mesmo dos seus aspectos peculiares) permitirá circunscrevê-lo, compreendê-lo e avaliá-lo em condições extremadas. E, de certa forma, nessa área específica, contribuirá para melhor aplicação das regras de interpretação. Permitirá, o que é muito importante, distingui-lo do autônomo, um contribuinte individual com quem é freqüentemente confundido.

### 61. Facultatividade de ingresso

À evidência, a par da manifestação da volição, a facultatividade de admissão no regime geral de previdência social é o traço característico do facultativo.

Os estudiosos eram unânimes em sustentar que essa possibilidade defluía da redação original do art. 201, § 1º, da Carta Magna, dispositivo que consagrava a universalidade de cobertura da previdência social, quando falava exatamente que "qualquer pessoa poderá participar dos benefícios da previdência social, mediante contribuição na forma dos planos previdenciários", texto eliminado da Lei Maior, mas uma idéia que continua vigente tecnicamente a princípio contido em seu art. 194, parágrafo único, I.

*Ilídio das Neves* afirma que: "Embora os regimes de segurança social sejam regidos, em geral, pelo princípio da obrigatoriedade, por força da natureza pública do sistema e dos seus objectivos protectores, há casos em que as situações jurídicas se constituem, se modificam ou cessam por força da simples manifestação de vontade dos interessados (LB, arts. 48º-2 e 51º)" ("Dicionário Técnico e Jurídico de Proteção Social", Lisboa: Coimbra Editora, 2001, p. 343).

Ou seja, a essência da compulsoriedade da previdência social não é cientificamente afetada pela filiação voluntária, quando a pessoa deixa de exercer a atividade profissional ou econômica (ou não). Outra política institucional contrariaria o princípio da proteção.

*Omar Chamon*, nesse sentido, preocupado com a distinção, lembra que "temos o estagiário que recebe bolsa-auxílio e pode inscrever-se como facultativo" ("Introdução ao Direito Previdenciário", São Paulo: Manole, 2005, p. 48).

A facultatividade desse segurado voluntário é consectário do princípio da continuidade contributiva dos regimes protetivos e evita fraturas na seqüência dos aportes, tornando-os capazes de enfrentar as despesas correntes.

Resulta, pois, que o facultativo do PBPS, ao autorizar um não exercente de atividades não só quebra a natureza substitutiva da prestação previdenciária — criando uma espécie de pecúlio de pagamento continuado ou poupança renda vitalícia —, como amplia a cobertura, alargando a horizontalidade para outros setores da sociedade.

## 62. Relação jurídica de filiação

A inscrição do facultativo implica no nascimento de uma relação jurídica entre o INSS, pessoa jurídica de direito público e uma pessoa física, o contribuinte. Trata-se de elo negocial compreendido no bojo de uma relação jurídica de previdência social distinguida uma vez que ausente a natural obrigatoriedade de admissão; ainda que, logo após ela ocorrer, posteriormente, na seqüência, subsista alguma compulsoriedade aferida com vistas à manutenção da qualidade de segurado, integralização do período de carência e, *ipso facto*, consubstanciação do direito às prestações.

Se o indivíduo exterioriza a volição de ingressar no RGPS, a Previdência Social não tem como obstar o surgimento da relação jurídica. Exceto para os benefícios inerentes, não há mau segurado.

A aptidão para o trabalho, ou seja, a capacidade física ou psíquica laboral não é considerada para efeito da filiação do facultativo que, quando do ingresso, não se submete a exame médico. Mesmo sem condições físicas ou psíquicas de trabalhar ele se inscreverá, dependendo apenas de seu *animus*. A restrição diz respeito aos benefícios por incapacidade (auxílio-doença, aposentadoria por invalidez e auxílio-acidente). A contribuição destina-se à totalização do tempo de serviço, uma vez que o ingresso do incapaz não gera direito às prestações compatíveis.

Diz o art. 11, § 3º, do RPS que: "A filiação na qualidade de segurado facultativo representa ato volitivo, gerando efeito somente a partir da inscrição e do primeiro recolhimento, não podendo retroagir e não permitindo o pagamento de contribuições relativas a competências anteriores à data da inscrição, ressalvado o § 3º do art. 28" (que trata do período de carência do contribuinte que recolhe trimestralmente).

A retroação da DIC é tormentosa no Direito Previdenciário, especialmente no que se refere ao princípio da proteção. Com efeito, diante da facultatividade de ingresso, elegendo-se a vontade do titular como prevalecente, se ele a expressa de alguma outra forma prévia (que não a inscrição ou a contribuição), como declaração em cartório, consulta fiscal, requerimento escrito, há de ser aceita. Até mesmo a *post mortem*, quando o interessado deixou clara a sua volição, podendo ser exercitada pelos herdeiros, sucessores ou dependentes. A única preocupação, no âmbito do seguro social, diz respeito às prestações por incapacidade do que ingressa estando incapaz, nada além disso.

### 63. Relação jurídica de inscrição

Diferentemente do contribuinte em dobro, obrigado a começar as contribuições em certo termo fatal, o facultativo não tem prazo decadencial para se inscrever, podendo fazê-lo quando assim desejar. Seja nos postos do INSS, via internet ou anteriormente operada com a obtenção do NIT.

Segundo o art. 18, V, do RPS, a inscrição opera-se "pela apresentação de documento de identidade e declaração expressa de que não exerce atividade que o enquadre na categoria de segurado obrigatório" (redação do Decreto n. 3.265/99). Nesse caso, a Previdência Social poderá emitir identificação específica para o "facultativo, para produzir efeito exclusivamente perante ela, inclusive com a finalidade de provar a filiação" (art. 18, § 4º, redação do Decreto n. 3.265/99).

A lei brasileira não é xenófoba e o estrangeiro aqui domiciliado tem permissão para se inscrever. A rigor, mesmo residindo fora do território nacional não haveria esse impedimento, mas algumas dificuldades poderão ser impostas a quem pretender fazê-lo por omissão da legislação.

### 64. Capacidade securitária

Para que uma pessoa se torne segurado facultativo ela precisa desfrutar de capacidade previdenciária, compreendida como a aptidão jurídica para a prática de atos da vida civil. Os relativamente incapazes ou incapazes, os menores de idade, só podem fazê-lo mediante representação.

Nada obstante o que dizem o PCSS e o PBPS, mas em razão da Constituição Federal, a contar da EC n. 20/98 a idade mínima para ser facultativo é de 16 anos.

Desde 1991, inexiste idade máxima para ser segurado da previdência social e, acima dos 16 anos, com qualquer idade a pessoa pode ser facultativa.

## 65. Manifestação da vontade

Materialmente, é necessário que a pessoa tenha a disposição de ingressar no RGPS, carecendo que expresse esse desejo ao INSS, fazendo-o por meio da contribuição. A volição de permanecer exterioriza-se com a habitualidade dos pagamentos mensais.

De resto, como o querer do indivíduo é demonstrado mediante o aporte dos pagamentos mensais, deixando de recolhê-las em certo tempo, estará comunicando à Previdência Social que não mais quer se situar no RGPS.

Em virtude do período de manutenção da qualidade, que se estende até sete meses + 15 dias, somente após o decurso desse tempo é que a relação será extinta e, então, retroagindo até o último dia do mês de competência da contribuição derradeira.

## 66. Inatividade laboral

O facultativo não é um exercente de atividade que o filie obrigatoriamente ao RGPS, embora possa ser um não segurado (aquele que empreende atividade não incluída na previdência social). Ele não está trabalhando formal ou informalmente, ou seja, é um desempregado, estudante ou não empregado. Mas na lista dos atuais não segurados obrigatórios existem pessoas remuneradas.

## 67. Provisoriedade da situação

O facultativo integra uma terceira classificação de segurados, distinguindo-se dos segurados sujeitos a descontos (a) e dos contribuintes individuais (b). Embora recolha contribuição por intermédio do carnê de pagamento e seja um segurado individualizado, não é tido como contribuinte individual (Lei n. 9.876/99).

Teoricamente faz parte de sua natureza previdenciária a transitoriedade da situação (o que explicaria a elevada taxa).

### 68. Contribuição mínima e máxima

Exceto nas hipóteses de fracionamento permitido (mês do início e do fim da relação, para quem no mesmo mês se tornou segurado obrigatório).

A contribuição mínima do facultativo é de 20% do salário mínimo (a partir de abril de 2006, R$ 70,00).

O valor máximo é a aplicação da mesma alíquota ao limite do salário-de-contribuição (a partir de maio de 2006, R$ 600,00).

### 69. Período de carência

Período de carência é um número mínimo de contribuições exigidas para o gozo de certos benefícios (PBPS, art. 24). A legislação previdenciária detém anacronismo (à vista de sua contributividade), exigindo que o seu cômputo se faça a partir da primeira contribuição sem atraso, não sendo considerados para esse fim os recolhimentos com atraso referentes a competências anteriores, observado, "quanto ao segurado facultativo, o disposto nos §§ 3º e 4º do art. 11" (redação do Decreto n. 4.729/03).

### 70. Fato gerador

A hipótese de incidência do facultativo é a disposição pessoal de pertencer ao sistema protetivo de previdência social, vontade expressada inicialmente com a inscrição e dinamicamente com os recolhimentos.

# CAPÍTULO VII

## QUALIDADE DE SEGURADO

Quem se filia como facultativo torna-se um protegido pela previdência social, adquirindo *ipso facto* a qualidade de segurado. Trata-se de um atributo jurídico próprio da técnica securitária. Levando em conta que sua contribuição é cifrada mensalmente (ainda que possa ser paga a cada 90 dias), isto é, refere-se aos 30 dias usuais do mês, para fins de concessão de benefícios será preciso determinar desde quando nasce a filiação, se esse dealbar coincide com a data da inscrição ou com a data do pagamento do primeiro pagamento (momentos nem sempre coincidentes).

Como a de outros segurados, especialmente os obrigatórios, a qualidade de segurado suscita largo espectro, numa seqüência natural, com várias possibilidades: a) inexistência; b) início; c) manutenção; d) perda; e) recuperação; e f) desaparecimento.

### 71. Inexistência da condição

Quem não era segurado facultativo, isto é, antes de adquirir essa condição jurídica distinta, de duas, uma: não era filiado ou se classificava como segurado obrigatório (e até de outro regime). Diz-se, então, que não desfrutava do estado jurídico previdenciário de facultativo. E embora cada vez menor, o número de pessoas não seguradas — até mesmo remuneradas — não é pequeno ("Curso de Direito Previdenciário", Tomo II – Previdência Social, 2. ed., São Paulo: LTr, 2003, pp. 161/177).

Teoricamente, de modo geral, esse período anterior de não filiação, enquanto a lei assim dispuser, não pode ser reposto. Tempo que não se confunde com o dos atuais segurados obrigatórios quando eram facultativos: a) empresários, antes de 26.9.60 (Lei n. 3.807/60); b) eclesiásticos, antes de 7.10.79 (Lei n. 6.696.79); c) doméstico, antes de 5.3.72 (Lei n. 5.859/72). Mas diante dessa previdência contributiva da Lei n. 9.876/99, *de lege ferenda* nada impede que isso um dia aconteça; basta a vontade política do Congresso Nacional e certo desejo de inovar.

## 72. Data da assunção

Podendo recolher o mês de competência (por vontade do segurado nem sempre anterior ao mês do pagamento), chamado fiscalmente de exigível, até o dia 15 do mês subseqüente, o início da qualidade de segurado começa no dia da quitação, quando se dá o início da filiação, para algumas finalidades, não retroagindo ao começo do mês anterior.

À vista do sistema e das limitações securitárias que afetam o direito de quem ingressa incapaz para o trabalho, o período precedente (algo em torno de 45 dias) a que se refere essa primeira cotização prestar-se-á para diferentes fins previdenciários, menos para configurar o início da filiação com vistas àquelas prestações por incapacidade. Ninguém que tenha uma DII em 7 de março de 2006, recolhendo contribuições como facultativo no dia 15 de abril de 2006, se sofreu acidente de qualquer natureza ou causa, poderá pretender o auxílio-doença sem período de carência (PBPS, art. 26, II).

Não cabe, pois, confundir os dois momentos: a data do início da filiação (dia do pagamento da primeira contribuição) com a data do primeiro dia do tempo de contribuição, para os vários fins das prestações.

## 73. Exercício do *status*

Promovido o primeiro pagamento, que reflete a manifestação de vontade de filiar-se ao RGPS (e continuando os recolhimentos), tem-se nascida, efetivada e usufruída a qualidade de facultativo, restando o vocábulo "manutenção" para o cenário seguinte, quando da interrupção desses aportes mensais.

Mesmo pagando a cada três meses (março, junho, setembro e dezembro), ou seja, fazendo apenas quatro quitações durante o ano civil, a qualidade subsistirá normalmente para quem recolher com base no salário mínimo (Lei n. 9.676/98).

Semanticamente, diz que este segurado tem a qualidade, não que a mantém, vocábulo reservado para a fase seguinte.

## 74. Manutenção do atributo

Se o segurado estanca as contribuições mensais, deixando passar a data fatal para recolhimento (normalmente, o dia 15 subseqüente ao mês de competência), ele entra em inadimplência, mas não perde qualidade de segurado. Nos termos do art. 15, VI, c/c com o § 4º do PBPS, de regra isso somente se dará após o decurso de sete meses seguidos sem o desembolso mensal.

Durante esse lapso de tempo, designado às vezes como "período de graça", o segurado preserva todos os direitos assegurados anteriormente à cessação dos pagamentos (sem ampliá-los). Coloca-se em débito, podendo, de alguma forma, ser cobrado pelo INSS. Posteriormente, voltando a recolher dentro do prazo do citado art. 15, VI e § 4º, no termo decadencial o INSS exigirá as contribuições desse interregno de débito. Quer dizer, exigirá quando do pedido de algum benefício e não automaticamente em face da inadimplência.

Claro, se o tempo de não pagamento superar aqueles sete meses + 15 dias, entender-se-á que quis se afastar do RGPS, para todo o sempre ficando *in albis* esse período. Isto é, enquanto a lei assim quiser.

### 75. Perda da qualidade

Ultrapassados os sete meses + 15 dias sem o pagamento das contribuições mensais, o facultativo perde a qualidade de segurado. Lembra-se sempre, que a hipótese do pagamento trimestral pode dilatar esse lapso de tempo.

Sem esse atributo previdenciário, exceto nas circunstâncias complexas e variadas do direito adquirido, nunca desprezadas, não há possibilidade de obter benefícios.

Tal rompimento da relação jurídica com a Previdência Social é inteiramente igual a dos segurados obrigatórios, produzindo os mesmos efeitos em relação às prestações. O tempo de serviço continua imprescritível, as mensalidades pretéritas podem ser somadas a outras, hodiernas, para efeito de carência ou tempo de contribuição.

### 76. Recuperação da filiação

Depois de perecida a qualidade de segurado, de certa forma restabelecendo-se a primeira situação, a qualquer momento, com o mesmo número de inscrição e código de recolhimento, a pessoa pode reingressar no RGPS, bastando que promova, nessa volta, novamente o pagamento de uma "primeira" mensalidade.

O período anterior, sem qualidade de segurado, não poderá ser resgatado (exceto se, de algum modo, demonstrar que a sua vontade era de permanecer no sistema e alguma força maior o impediu de fazer os desembolsos).

Diante da liberdade fiscal cometida desse contribuinte, ele pode repetir esse cenário, de entrar e sair do sistema protetivo, embora não recomendável, quantas vezes ele quiser.

## 77. Preservação da situação

Tendo em vista que, de regra — a exceção é a situação do incorporado às Forças Armadas (PBPS, art. 15, V) —, o período de manutenção da qualidade dos segurados obrigatórios é temporalmente sempre maior que a do facultativo, questiona-se qual deve ser a situação deste último contribuinte que, por exemplo, de promover a inscrição nessa condição voluntária, antes havia contribuído por mais de dez anos — gerando, portanto, o direito de manter a qualidade por 25 meses + 15 dias — e que deixou de contribuir por mais de sete meses + 15 dias, período abrigado por aqueles 25 meses + 15 dias.

Ou seja, teria o art. 15, VI, derrogado o art. 15, § 1º? Se dúvida houvesse aplicaria o *in dubio pro misero* e descaberia ao legislador, na hora em que pretende ser protetivo, já tendo oferecido cobertura maior a ela renunciar e exatamente para quem deseja a proteção social.

Nessa linha de raciocínio pensa *Cláudia Salles Vilela Vianna:* "O segurado obrigatório que, durante o prazo de manutenção da sua qualidade de segurado (12, 24 ou 36 meses, conforme o caso), se filie ao RGPS como facultativo, ao deixar de contribuir nessa última, terá o direito de usufruir o período de graça de sua condição anterior" ("Previdência Social – Custeio e Benefícios", São Paulo: LTr, 2005, p. 174). Quer se entender que essa conclusão refere-se à perda da qualidade de facultativo durante o período de graça da situação anterior e não definitivamente; uma vez ultrapassados os prazos citados, a perda ocorre após sete meses + 15 dias.

## 78. Extinção da relação

*Mors omnia solvit.* Chega um dia em que cessa a filiação e com ela a relação jurídica de previdência social e em relação ao facultativo por vários motivos, entre os quais por abandono definitivo do sistema, morte do segurado ou encerramento do benefício ou sua transformação em prestação dos dependentes.

Nesse caso, a qualidade de segurado não mais existe nem produz efeitos para o segurado no âmbito da previdência social. Seguindo a regra dos demais beneficiários, como a qualidade de dependente segue a do segurado (*acessorium sequit principale*), nascendo e cessando a qualidade de facultativo, nasce e cessa a qualidade dos seus dependentes. Não há qualquer distinção em favor dos segurados ou dos dependentes.

### 79. Segurado especial

Na condição de contribuinte obrigatório, o segurado especial preserva a qualidade de segurado como os demais beneficiários, nos termos do art. 15 do PBPS. Tal situação não é afetada pela contribuição facultativa que o art. 25, § 1º do PBPS o autoriza a fazer, e com vistas a algum direito que nasce a par das contribuições obrigatórias incidentes sobre o produto rural (PCSS, art. 25).

Exceto no que diz respeito às prestações, os dois cenários jurídicos não se confundem e a qualidade de segurado como contribuinte obrigatório não se comunica, por falta de determinação legal, à situação como contribuinte facultativo.

Pode-se dizer que ele tem duas qualidades e deixando de recolher facultativamente por mais de sete meses + 15 dias perderá esse *status* previdenciário e não a de segurado obrigatório, que depende do exercício da atividade rural e se rege pelo art. 15 do PBPS.

### 80. Enquadramento na trimestralidade

A permissão legal para que o contribuinte individual e o facultativo, cuja base de cálculo seja o salário mínimo, hoje disciplinada no RPS, paguem no mês do final do trimestre civil (conceito a ser definido como sendo os meses janeiro a *março*; abril a *junho*; julho a *setembro* e outubro a *dezembro* de cada ano), gera transtornos no que diz respeito à qualidade de segurado do facultativo.

Quando o segurado optar por essa modalidade de recolhimento, além de substituir o código de 1.406 pelo de 1.457, recomenda-se que comunique o fato por escrito ao INSS.

Imagine-se que os sete meses do período de manutenção da qualidade (art. 15, VI, do PBPS), vençam no mês de janeiro, que é o primeiro mês do primeiro trimestre do ano. Recolhendo sob o regime da contribuição trimestral e com o código certo em março (último mês do primeiro trimestre), entende-se que ele está recolhendo também janeiro, fevereiro e março regularmente, e logo, não perdeu qualidade de segurado.

## CAPÍTULO VIII

## RECOLHIMENTO DAS CONTRIBUIÇÕES

O recolhimento mensal do facultativo é bastante semelhante ao dos contribuintes individuais, particularmente na modalidade do autônomo que somente presta serviços para pessoas físicas (art. 5º da Lei n. 10.666/03); operado mediante o carnê de pagamento conforme os códigos 1.406 (mensalmente) ou 1.457 (trimestralmente).

Em determinada circunstância fática razoavelmente comum, em virtude das dificuldades do interessado persuadir o INSS da existência de certo tempo de filiação (correspondente à atividade remunerada geradora da condição de segurado obrigatório), o pagamento mensal efetuado como autônomo ou empresário pode ser aproveitado como se ele fosse facultativo. Claro, promovendo-se os acertos formais, inclusive no que diz respeito à taxa de contribuição e à base de cálculo (implementando quantia faltante ou encaminhando pedido de restituição). Hipótese que não pode ser descartada nem mesmo em relação ao empregado (trabalhador sem a prova do trabalho), se o empregador fez oportunamente os depósitos usuais em favor do FPAS.

O inverso também é perfeitamente possível: alguém aportando como facultativo posteriormente demonstrar ter sido segurado obrigatório, exibindo as provas materiais do trabalho remunerado, para efeito dos benefícios próprios desse último tipo de beneficiário ("Prova de Tempo de Serviço", 3. ed., São Paulo: LTr, 2001).

### 81. Alíquota de contribuição

A taxa de contribuição do facultativo é de 20% da base de cálculo (PCSS, *caput* do art. 21). Igual se colhe no art. 216, § 15, do RPS. Isoladamente, em substituição aos 10%/20% anteriores, ela surgiu com a Medida Provisória n. 1.415/96, reafirmada com a Medida Provisória n. 1.663-10/98, posteriormente convertida na Lei n. 9.711/98 (art. 23).

Assim: 20% (taxa) x R$ 1.000,00 (base de cálculo) = R$ 200,00 (contribuição).

No passado, ela já foi de 16% (Resolução IAPAS/SAF n. 116/82 e Ordem de Serviço IAPAS SAF n. 80/85) e se tornou 19,2%, com o Decreto-lei n. 1.910/81, a partir de 1º.1.82. Desde 1º.8.89 e até 31.7.96, era de 10%, no caso de estar numa das Classes I/III e de 20%, numa das demais classes da escala de salário-base da Lei n. 5.890/73.

A despeito da provisoriedade da situação deste contribuinte atípico, é alíquota tecnicamente elevada para quem, de regra, está desempregado ou sem fonte habitual de subsistência. E até mesmo pensando-se que não tem à sua disposição todo o plano de benefícios.

Segundo os matemáticos, o segurado masculino que recolher R$ 102,93 durante 420 meses (35 anos), abstraindo o décimo terceiro salário, receberá R$ 1.000,00 durante 240 meses (sem o abono anual), ou seja, bastaria uma alíquota de 10,29%. Se do sexo feminino, seriam suficientes 14,50% (porque são apenas 360 meses).

## 82. Base de cálculo

Depois da Lei n. 9.876/99, o facultativo deixou de observar o salário-base da Lei n. 5.890/73 e passou a contribuir com fulcro no salário-declarado (PCSS, art. 28, IV). Em verdadeiro *bis in idem*, o art. 9º da Lei n. 10.666/03, com outra redação, reeditou essa determinação fiscal.

Atualmente, observada a base mínima (R$ 350,00, a partir de abril de 2006) e o limite do salário-de-contribuição (R$ 3.000,00, desde maio de 2006), é qualquer importância escolhida pelo contribuinte, recomendando-se um montante arredondado, o que facilitará o cálculo da cotização mensal.

Nessas condições, se alguém adotar como base de cálculo o aporte de R$ 1.000,00 e num mês recolher apenas sobre R$ 800,00, poderia equilibrar a sua média contributiva aportando 20% de R$ 1.200,00, no mês seguinte (lembrando-se que, para fins de benefícios, desde a Lei n. 9.876/99, no período básico de cálculo são desprezados os 20% menores salários-de-contribuição).

A expressão legal "salário-declarado", originária do contribuinte em dobro, significa que todos os meses, com o pagamento, o facultativo declara ao INSS que deseja manter-se como segurado e que adota certa base de cálculo para estimar a contribuição.

O título desse salário-de-contribuição (salário-declarado) deve-se ao fato de que ele escolhe a base de cálculo da sua contribuição, devendo fazê-lo todo mês, expressão de seu desejo fiscal, cenário que abre muitas possibilidades de ausência, incipiência e consumação de sua vontade.

### 83. Data do vencimento

Na condição de assemelhado ao contribuinte individual, o prazo é do art. 30, II, do PCSS, ou seja, até o dia 15 do mês subseqüente ao de competência.

Consoante o § 2º do mesmo dispositivo, se não houver expediente bancário nesse dia, o vencimento cairá no primeiro dia útil.

Se o pagamento inicial for antes do dia 15, o mês antecedente a sua data será da aquisição da qualidade; caso o primeiro pagamento ocorra depois do dia 15, a mensalidade inicial referir-se-á a esse mesmo mês (art. 47 da IN n. 118/05). Saliente-se que nesse último cenário, não precisará recolher no mês seguinte, pulando-o para manter a seqüência de meses de competência.

Nos últimos 20 anos o último dia para o recolhimento tem sido o seguinte:

| Períodos | Dia do vencimento | Fonte Formal |
|---|---|---|
| 12.85 a 06.89 | 10 | Decreto n. 89.312/84 (2ª CLPS) |
| 07.89 a 07.91 | 8 | Lei n. 7.787/89 |
| 08.91 a 11.91 | 5 | Lei n. 8.212/91 |
| 12.91 a 06.92 | 5 | Lei n. 8.383/91 |
| 07.92 a 12.92 | 15 | Lei n. 8.444//92 e Decreto n. 612/92 |
| 01.93 a 08.94 | 15 | Lei n. 8.620/93 e Decreto n. 738/93 |
| 09.94 em diante | 15 | Lei n. 9.063/95 |

### 84. Prazo trimestral

A Lei n. 9.676/98 determinou que: "Poderá ser aumentada, de modo diferenciado, em conjunto ou separadamente, para até três meses, a periodicidade de recolhimento das contribuições previdenciárias arrecadadas pelo Instituto Nacional do Seguro Social — INSS..." do facultativo enquadrado "... até a classe II da escala de salários-base..." (art. 1º, caput e inciso I). Aumentada a periodicidade, no dizer da lei, porque o habitual é que seja mensal.

O art. 216, § 15, do RPS assevera que é "facultado aos segurados contribuinte individual e facultativo, cujos salários-de-contribuição sejam iguais ao valor de um salário mínimo, optarem pelo recolhimento trimestral das contribuições previdenciárias, com vencimento no dia quinze do mês seguinte ao de cada trimestre civil, prorrogando-se o vencimento para o dia útil subseqüente quando não houver experiente bancário no dia quinze" (redação do Decreto n. 3.265/99).

A IN n. 118/05 recomenda maior atenção à perda da qualidade de segurado que paga trimestralmente: "O segurado já inscrito na Previdência Social, que optar pelo recolhimento trimestral, deverá atualizar seus dados cadastrais até o final do período de graça, para que o Sistema não informe a perda da qualidade de segurado" (parágrafo único do art. 43).

Como se viu em capítulo próprio, essa permissão legal (cuja base legal ficou discutivelmente limitada ao salário mínimo, com esse comando do RPS) traz complicações ao conceito de perda da qualidade de segurado.

## 85. Arrependimento do montante

Mantida a alíquota de 20% se, por engano ou mudança de idéia, o valor recolhido não expressar o *animus* da pessoa, antes do dia 15 ela poderá implementar a contribuição. Depois desse prazo, mesmo com os acréscimos legais, o segurado não poderá fazê-lo.

Exceto se vinha recolhendo com base no limite do salário-de-contribuição, na prática, entretanto, poderia compensar a perda do nível recolhendo no mês seguinte (ou meses) a diferença. Diz-se poderia porque segundo a Lei n. 9.876/99, os 20% menores valores são desprezados no período básico de cálculo.

Valores aportados após o dia 15 podem ser confundidos como sendo do próximo mês de competência, o que obriga o segurado a informar ao INSS, por escrito, sobre a sua intenção. Pena que não haja um espaço para observações na folha de recolhimento do carnê...

## 86. Acréscimos legais

Quando recolhe contribuições em atraso, isto é, dentro dos prazos do art. 15 do PBPS, fora do mês subseqüente ao mês de competência, o facultativo se sujeita à multa (PCSS, art. 35) e ao juro de mora (PCSS, art. 34). Esses prazos legais são:

a) dentro do mês do vencimento — 8% de multa automática (que vai do dia 16 até o último dia desse mês);

b) no mês seguinte ao do vencimento — 14%; e

c) no segundo mês seguinte e em diante — 20%.

No caso de parcelamento há previsão de 20% de multa (PCSS, art. 35, § 1º).

## 87. Parcelamento de débito

Sem perder a qualidade de segurado, o facultativo pode entrar sucessivas vezes em inadimplência e de quantia respeitável se a sua contribuição é feita com base no teto. Uma vez que o parcelamento é direito de todos (PCSS, art. 48), ele tem permissão para promover a quitação desses atrasados em parcelas mensais, recomendando-se que, de alguma forma, formalize o pedido junto ao INSS.

A rigor, nada impede que opere um parcelamento de fato, ou seja, que pague os atrasados informalmente, mas é bom que isso fique bem claro, até mesmo oficiando ao INSS, que tem de ser informado sobre esses recolhimentos fora do comum.

## 88. Quitação *a posteriori*

Quem deixa escoar os prazos do art. 15, VI, do PBPS, sem recolher a contribuição perde a qualidade de segurado e em relação a tais meses não é um inadimplente; presume-se que, por vontade própria, deixou o RGPS.

Atualmente, não há como recolher essas contribuições, parceladas ou não e, sobretudo, com os acréscimos legais. Claro que isso é uma convenção técnica do seguro social, mas enquanto a legislação não for alterada é impossível o pagamento *a posteriori*.

## 89. Fracionalidade do *quantum*

Excetuado o primeiro e o último mês do período de contribuição deste segurado, todas as demais competências serão relativas ao mês inteiro. Nestes dois casos anteriores, pode configurar-se uma contribuição mínima inferior a 20% do salário mínimo.

O segurado obrigatório que trabalhou até o dia 15 do mês sem que sua base de cálculo tenha superado o limite do salário-de-contribuição, desejando, sua contribuição como facultativo referir-se-á do dia 16 até o fim do mês (fracionando-se o valor). Igual se passará, se ele pagou como facultativo do dia 1º ao dia 15 e depois como segurado obrigatório. Providências imaginadas, pensando-se na manutenção do nível do salário-de-contribuição para fins de benefícios ou completar o tempo de serviço.

Por qualquer motivo que se ignora, diz o art. 35 da IN n. 118/05: "A filiação na condição de facultativo não poderá ocorrer dentro do mesmo mês em que cessar o exercício da atividade sujeita à filiação obrigatória".

Essa vedação é imprópria, indevida e ilegal, e pode obstar o legítimo direito de alguém implementar um requisito decisivo. Imagine-se segurado com 29 anos, 11 meses e 20 dias de serviço antes da EC n. 20/98, precisando de apenas mais dez dias de tempo de serviço até o dia 16.12.98, para não ter de cumprir o limite mínimo de idade e que tenha parado de trabalhar no dia 20 de qualquer mês (ainda que recebendo acima do teto) e que deseje completar o tempo de serviço, pagando como facultativo.

Fora daquelas duas circunstâncias, a regra é que não há fracionamento (e, da mesma forma, computa-se o mês inteiro para fins de benefícios). Sem embargo da opinião oficial, em relação a quem já pagou pelo teto, mesmo trabalhando menos do que 30 dias, implementará o tempo de serviço recolhendo como facultativo.

## 90. Restituição e compensação

Devolução de contribuições indevidas referentes ao facultativo é delicada, com pouca normatização legal ou administrativa, quando será fácil confundir as mensalidades em razão da liberdade contributiva que o segurado desfruta.

A rigor, por exemplo, se alguém recolheu 20% sobre a base de cálculo superior ao teto, poderia recolher exatamente menos a importância indevida no mês seguinte, recomendando-se que de alguma forma comunique essa providência ao INSS, por escrito, ou que requeira restituição.

Dentro do prazo de cinco anos (PCSS, art. 88) as contribuições indevidas são devolvidas ao contribuinte (PCSS, art. 89).

# CAPÍTULO IX

# QUESTÕES JURÍDICAS

Aspectos teóricos da contribuição do facultativo que compõem a teoria do Direito Previdenciário substantivo e adjetivo suscitam alguns questionamentos, revelam perplexidades ou justificam sistematização técnica. Não são muitos, dada a singeleza técnica da figura, mas com o crescente número de desempregados e tantas pessoas buscando a proteção previdenciária, importará examiná-las em particular.

## 91. Competência jurisdicional

A relação jurídica estabelecida entre o facultativo e a Previdência Social, durante o período de contribuição ou de fruição de algum benefício comum, e até mesmo de consultas fiscais, é da previdência social básica. Isto é, do RGPS e, nessas condições, compete à Justiça Federal dirimir os conflitos jacentes (CF, art. 109, I).

Considerado o direito ao auxílio-acidente decorrente do infortúnio de qualquer natureza ou causa, a justiça competente será estadual (CF, art. 114), mas as ações de dano moral relativas à mesma pessoa, serão da Justiça do Trabalho ("Conflito de Competência STF n. 7.204-1/MG, de 29.6.05", in Revista LTr n. 69-12/1.470).

Quando se tratar do autopatrocinado referido no art. 14, IV da LBPC, em razão do dissídio situar-se no âmbito do direito privado, caberá à justiça estadual dirimi-lo.

## 92. Presunções válidas

Não são muitas as presunções que envolvem essa relação atípica e boa parte delas nem assim são reconhecidas, a maioria delas com essência *juris tantum*.

*a) Presunção do ingresso*

Promovida a inscrição, com o pagamento da primeira contribuição entende-se que a pessoa deseja pertencer ao RGPS como segurado facultativo. Que está fazendo um seguro social, cujos prêmios são as mensalidades.

Se for logo após a cessação da atividade é a de que, além de manter-se no sistema, pensa computar tempo de serviço, completar o período de carência ou oferecer o salário-de-contribuição para fins do cálculo da renda mensal inicial.

Trata-se, no caso, de presunção relativa, aquela que comporta prova em contrário tanto do segurado quanto do INSS.

*b) Presunção de permanência*

Recolhendo trimestralmente quando a base de cálculo for o salário mínimo ou todos os meses, o segurado demonstra que deseja permanecer no sistema exatamente nessa condição de facultativo e não em outra.

O código de recolhimento, a alíquota adotada e, de certa forma, a base de cálculo, evidenciarão que pretende ser esse segurado voluntário e não obrigatório, desonerando-se de ter de provar a atividade para fins de benefícios.

*c) Presunção de afastamento*

Não aportando as cotizações mensais após o decurso do prazo legal do art. 15 do PBPS, ficará claro para o INSS a vontade da pessoa de deixar o regime da previdência social. Tratando-se de presunção relativa, isso valerá juridicamente, exceto se, de alguma forma, o segurado demonstrar o contrário.

O mundo suscita situações em que a pessoa não tem como externar hodiernamente o seu desejo, só o fazendo mais tarde. Dá-se exemplo com o preso, seqüestrado, confinado em algum lugar ou internado num hospital, situações que terão de ser consideradas pelo aplicador da norma, reabrindo-se o tempo faltante para a perda da qualidade de segurado.

*d) Presunção do nível da contribuição*

Quando o segurado sistematicamente recolhe com base num determinando nível de salário-declarado, resta apreensível sua volição de nesse patamar contributivo permanecer, modificado apenas por recolhimento de valor diferente.

Claro, se o salário mínimo é de R$ 350,00 e ele aportou com base em R$ 320,00 num mês e R$ 380,00 no mês imediatamente posterior, parecerá claro que está pagando um débito e não majorando o seu nível. O ideal é que recolha os 20% relativos aos R$ 30,00 em folha separada e com os acréscimos da mora para evidenciar a sua posição.

Falecendo em débito, os dependentes perquirirão sua intenção nas contribuições anteriores à inadimplência e poderão completar os meses faltantes (de duração da manutenção da qualidade) até o óbito. Se recolhia com base no teto, na sua ausência, e até mesmo, por qualquer outro motivo que não o falecimento, a família tem permissão para recolher pelo mesmo teto.

*e) Presunção da inatividade*

Até prova em contrário, o filiado como facultativo não está exercendo atividade profissional ou econômica. Provado o contrário, é nula a sua filiação e a inscrição produz efeitos. Evidentemente, quem alegar que houve o exercício da atividade terá de prová-la.

## 93. Técnica interpretativa

As regras de interpretação do Direito Previdenciário são próprias e inerentes à proteção social, diversificadas consoante cada segmento da técnica securitária e da área jurídica que se considerar.

*In casu*, agora interessam mais as que dizem respeito à contribuição, quase todas elas postadas no campo do custeio, convindo, *ab initio* lembrar a especificidade dos pagamentos que são espontâneos. Recomendando muito cuidado com a aplicação dos preceitos exacionais, alguns dos quais agora desconsiderados.

Com o estabelecimento da relação, nascem certas obrigações materiais e formais, como prazo fatal para o recolhimento, acréscimos legais, desembolsos indevidos, restituições, compensações, etc.

A relação jurídica de facultativo desdobra-se em três diferentes campos: a) filiação e inscrição; b) custeio; e c) prestações.

Postados em esferas distintas do Direito Previdenciário, os indutores hermenêuticos aplicáveis a esses cenários não podem ser iguais.

Dúvidas emergentes pertinentes à filiação e à inscrição, ainda que a primeira técnica seja fato material e a segunda, ato formal, elas devem ser solvidas mediante processos extensivos, em algum caso valendo até mesmo o venerando princípio *in dubio pro misero*.

Se alguém pagou a primeira contribuição, ainda que não regularmente (por exemplo, sobre um valor menor que o mínimo), entender-se-á que deseja a filiação, cabendo os acertos posteriormente.

Tudo o que disser respeito à contribuição propriamente dita submeter-se-á à idealização restritiva, muitas vezes, como lembrado, partindo de presunções admitidas consensualmente.

As prestações, por sua amplitude e generalidade, ora comportam exegese extensiva ora interpretação restritiva (quando cuidarem de regras *per se* especiais).

## 94. Princípios aplicáveis

Os princípios compatíveis com a situação particular do facultativo podem ser invocados, alguns deles em especial.

*a) Universalidade de cobertura*

O princípio regente da matéria, a inspirar o próprio legislador, é o de permitir o mais amplamente possível, a todas as pessoas, a inscrição e a filiação, circunscritas às limitações tão-somente a capacidade previdenciária.

Nesse sentido o disposto no art. 201, § 5º, da Lei Maior deve ser censurado e agirá bem o magistrado que o desconsiderar.

*b) Facultatividade de ingresso*

Não há a menor possibilidade de obrigar-se alguém a filiar-se como facultativo ou o órgão gestor de recusar essa inscrição.

*c) Continuidade contributiva*

A relação jurídica facultativa é dinâmica e, por isso, o INSS pode exigir que o segurado recolha contribuições referentes a meses que deixou de pagar (claro, quando evidente, a disposição de manter-se no sistema).

*d) Boa-fé do segurado*

Presume-se a boa-fé do contribuinte, até prova em contrário. Exceto se presente norma impeditiva, o INSS não pode fazer nada se um segurado que ganhava R$ 350,00 por mês como empregado, deixar o emprego e filiar-se como facultativo, e vir a pagar sobre R$ 2.000,00 às portas da aposentadoria.

*e) Autonomia da vontade*

A volição do segurado é soberana e só pode ser substituída se ele estiver de alguma forma juridicamente incapaz de expressá-la.

*f) Liberdade*

A facultatividade é um subproduto da liberdade e, em razão disso, ninguém pode ser impedido de se tornar um segurado facultativo.

## 95. Normas de superdireito

Talvez a única norma de superdireito pertinente ao facultativo contida na Lei Maior — entendida como aquela que abrange mais de um regime de previdência social — seja o art. 201, § 5º, da CF que obsta a inscrição do servidor público ("É vedada a filiação ao regime geral de previdência social, na qualidade de segurado facultativo, de pessoa participante de regime próprio de previdência"), a qual correspondem alguns atos normativos de menor expressão hierárquica nas fontes formais, dizendo a mesma coisa.

Ela refere-se às pessoas que têm regime próprio de previdência social, que são os servidores civis e militares e os parlamentares. Tais pessoas, segundo o dispositivo, estão impedidas de se filiarem voluntariamente ao RGPS, exceto se exercerem atividade profissional ou econômica, ou melhor, se tornaram-se segurados obrigatórios (*sic*).

De modo geral, porém, nada impede que o facultativo utilize-se do seu tempo de contribuição mediante a contagem recíproca junto de um ente político e que o inverso venha a ocorrer.

## 96. Direito emprestado

Em face da existência da figura do autopatrocinado na previdência complementar, algumas das idéias contidas no art. 14, IV, da LBPC podem ser transportadas para o RGPS. E, é claro, vice-versa. Concepções compatíveis da teoria da contribuição facultativa do regime geral espraiam-se para esse autopatrocinado.

A legislação que beneficiava o parlamentar, ao tempo do IPC, ilustra vários aspectos da contribuição voluntária, o mesmo valendo para a pensão castrense do militar que se afasta das Forças Armadas.

Exceto no regime especial, já desaparecido em 1973, não há igual figura no regime próprio do servidor público que possa ser tomada como exemplo.

## 97. Acordos internacionais

A legislação e, possivelmente, a doutrina nacional silenciam sobre a validade de contribuições facultativas recolhidas no exterior e sua validade no País e, inversamente, sobre a eficácia das aqui vertidas no estrangeiro. Diante da mudez dos acordos internacionais e do disposto na Lei n. 5.610/70, com certeza o tempo de contribuição aqui realizado poderá se transportado para outros países.

Na década de 80, os trabalhadores portugueses que deixaram o Brasil, portanto não mais aqui residentes, foram autorizados a contribuir em dobro (Parecer CJ/MPAS n. 18, de 28.5.80).

## 98. Objetivo da contribuição

A contribuição voluntária tem vários objetivos básicos: a) manter a qualidade de segurado daquele que está para perdê-la; b) computar tempo de serviço; c) ampliar o nível do salário-de-contribuição; d) melhorar o coeficiente aplicável ao salário-de-benefício; e) completar o período de carência; f) manter a filiação, por estar trabalhando fora do nosso País.

Principalmente não deixar perecer a qualidade de segurado e completar o tempo de contribuição para quem está às vésperas de algum benefício.

No passado, o escopo da dúplice cotização foi sopesado pela Administração Pública. No caso do peculiário sexagenário (segurado que se filiava após completar 60 anos e só faz jus ao salário-família e ao pecúlio) depois de levantar esse benefício de pagamento único punha fim à relação jurídica de previdência social e não podia contribuir em dobro (Parecer PGC n. 573/75, *in* Proc. INPS n. 1.475.672/75).

Quem está litigando com o empregador sobre a relação laboral tem, pelo menos, suspenso o contrato de trabalho. Nestas condições, se recolher como facultativo até o trânsito em julgado, ao final, vencendo a questão, promoverá acertos com o INSS (em relação as contribuições indevidas) e se a perder, terá o tempo da contribuição por ele efetuada a seu dispor.

## 99. Cômputo do tempo de serviço

Afastando um pouco a característica da provisoriedade e seu papel de substituto da contribuição obrigatória, impossível em razão da falta de atividade, desde a Lei n. 5.610/70, os meses em que o então contribuinte em dobro, agora facultativo, verteu contribuições, são considerados para diversos fins previdenciários, com destaque para o tempo de serviço, hoje, tempo de contribuição.

Com efeito, é suprida a falta de contribuição compulsória com a voluntária, ainda que comparavelmente o FPAS receba menos que auferiria se o trabalhador fosse um segurado obrigatório (que gira em torno de 31% de alguma base de cálculo).

## 100. Constitucionalidade da matéria

Naturalmente, por sua expressão, a relação jurídica nascida com a figura do facultativo é tema legal. Como lembrado, a EC n. 20/98 fez constar disposição restritiva sobre a sua inscrição para o servidor, o que não a faz ascender à condição de matéria constitucional.

O que a lei determina, em termos de previdência básica ou complementar, a respeito do facultativo ou autopatrocinado, não é assunto que deva ser apreciado pelo STF. Exceto numa visão amplíssima que entenda tudo o que se refere à previdência social ser objeto de recurso especial.

# CAPÍTULO X

## PRETENSÕES À DISPOSIÇÃO

Em relação ao facultativo, a idéia básica é que ele contribua para continuar segurado e pensando em direitos previdenciários por vir. Entretanto, pode estar recebendo algum benefício (auxílio-acidente ou abono de permanência em serviço)e desejar permanecer filiado ou adquirir direitos novos. Claro, agora sem se questionar a pretensão dos seus dependentes, acumulável com aposentadoria do titular.

Quem aufere o auxílio-acidente (PBPS, art. 86), *per se* mantém a qualidade de segurado, mas se estiver inativo, pode inscrever-se voluntariamente, ajuizando com vistas a benefícios postados adiante.

Os atuais raros percipientes do abono de permanência em serviço (PBPS, art. 87), com direito à aposentadoria por tempo de serviço proporcional ou a integral, têm a possibilidade de contribuir como facultativos e, mais tarde, solicitarem um desses benefícios, possivelmente o integral (até mesmo com valor maior).

Exceto pensando numa eventual e tormentosa desaposentação não há por que um jubilado filiar-se como contribuinte facultativo. Uma solução para o aposentado, cujo benefício mantido esteja sendo discutido e com possibilidades de ser suspenso ou cancelado, se inativo, na hipótese de transitar em julgado a decisão do INSS de impugnar certo tempo de serviço, poderá substituí-lo com essas novas contribuições. Muitas vezes até com salário-de-contribuição superior ao do período básico de cálculo da prestação anterior.

Segurados obrigatórios cujos salários-de-contribuição não sejam subjetivamente satisfatórios, na inatividade, dispondo de meios de subsistência para isso, poderiam abandonar a filiação obrigatória e adotarem a facultativa, escolhendo uma base de cálculo em melhores condições.

O facultativo tem direito a todas as prestações compatíveis com sua condição de não exercente de atividades profissionais ou econômicas; logo, praticamente a todo o rol do art. 18 do PBPS.

## 101. Benefícios por incapacidade

Embora sem trabalhar, subsiste direito ao auxílio-doença ou à aposentadoria por invalidez. Só não fará jus a um desses benefícios, se ingressar no RGPS incapaz para o trabalho.

Nessa análise, ninguém deve se impressionar com o "ficar incapacitado para o seu trabalho ou para a sua atividade habitual", do art. 59 do PBPS nem com o "for considerado incapaz e insusceptível de reabilitação para o exercício de atividade que lhe garanta a subsistência", do art. 42 do PBPS.

Nos dois casos, ainda que não tenha trabalho ou meio de subsistência, o facultativo pode ficar impossibilitado de vir a obtê-los, por motivos fisiológicos ou psicológicos não ocupacionais, justificando-se o benefício.

## 102. Prestações infortunísticas

Tendo em vista que não é empregado nem avulso ou segurado especial, caso sofra acidente, este evento não será nenhuma das três modalidades básicas de acidente do trabalho laboral (PBPS, arts. 20/21). Resta-lhe apenas enquadrar-se no infortúnio de qualquer natureza e, então, fará jus ao auxílio-doença ou à aposentadoria por invalidez, igualmente não acidentários. Até mesmo sem completar a carência (PBPS, art. 26, II).

Vítima desse acidente de qualquer natureza ou causa, ainda que desempregado, a despeito do que reportam o RPS e a IN n. 118/05, ele tem direito ao auxílio-acidente.

## 103. Salário-família e salário-maternidade

O salário-família (Lei n. 4.090/62) é benefício próprio do empregado e do avulso, em razão de sua história e da legislação positivada. Logo, a ele não fará jus o facultativo.

O mesmo não acontece com o salário-maternidade (criação da Lei n. 6.136/74), que após a Lei n. 9.876/99 se tornou um direito da facultativa e das contribuintes individuais.

Sem embargo de não aportar uma décima terceira contribuição, cumprindo as exigências do art. 40 do PBPS (auferir benefício de pagamento continuado), ela faz jus ao abono anual.

## 104. Aposentadoria por idade

Uma vez cumprido o período de carência normal, de 15 anos, ou aquele de implantação progressiva (PBPS, art. 142) e a idade mínima, de 55 anos para a rurícola e 60 anos para o rurícola ou 60 anos para a citadina e 65 anos para o citadino, nada lhe impede a fruição da aposentadoria por idade.

A exemplo que se passa com aposentadoria por tempo de contribuição, ainda que não tenha trabalhado um só dia. Claro, também se trabalhou algum tempo, não mais conseguiu exercer atividade remunerável e depois se filiou voluntariamente.

Uma das hipóteses mais comuns é daqueles que no passado verteram contribuições obrigatórias, afastaram-se do RGPS e, nas proximidades da chegada da idade mínima, reingressam na Previdência Social e contribuem o suficiente para somar o período de carência do art. 142 do PBPS.

## 105. Tempo de contribuição

Máxime após a prestação ter mudado sua nomenclatura (EC n. 20/98), deixando de ser por tempo de serviço e passando a ser por tempo de contribuição, e mesmo sem ter exercido qualquer atividade em sua vida, o facultativo usufruirá desse benefício.

Terá de observar o período de carência próprio, o "pedágio" de 40% do tempo faltante em 16.12.98, as idades mínimas de 48 anos (aposentadoria proporcional da mulher) e de 53 anos (para aposentadoria proporcional do homem) e qualquer idade, se tiver 30 anos de contribuição (mulher) ou 35 anos de contribuição (homem), submetendo-se ao período básico de cálculo e ao fator previdenciário da Lei n. 9.876/99.

No ensejo, lembrando-se que até mesmo períodos de contribuição anteriores a 1970 serão computados (Lei n. 5.610/70).

## 106. Aposentadoria especial

Tendo em vista que esta prestação é própria de quem exerceu atividades insalubres, o facultativo a ela não faz jus.

Evidentemente se o segurado, antes trabalhou em condições insalubres e se submeteu ao tempo especial, antes de ser facultativo, mediante a conversão do tempo especial exercido até 28.5.98 (Lei n. 9.711/98), obterá a aposentadoria por tempo de contribuição (PBPS, arts. 57/58).

Em alguns casos, tendo em vista que não é possível converter apenas o tempo especial (de que somente exerceu atividades insalubres), reclamando-se no mínimo algum tempo comum, bastará ao segurado afastado dessa atividade especial inferior a 25 anos recolher como facultativo.

Como exemplo o segurado com 24 anos de atividade especial. Ele não tem permissão para fazer a simples conversão de 24 x 1,4 = 33,6 anos e se aposentar proporcionalmente por lhe faltar o tempo especial. Nesse caso, se contribuir com 1,4 anos como facultativo, a conta será 24 anos x 1,4 = 33,6 anos + 1,4 anos = 35 anos.

## 107. Direito dos dependentes

O facultativo que falece contribuindo ou mantida a qualidade de segurado outorga pensão por morte aos seus dependentes como qualquer outro segurado obrigatório. Vale lembrar que o inadimplente em relação ao período de manutenção da qualidade (PBPS, art. 15, VI ), deixa aos dependentes essa obrigação fiscal, que farão jus à pensão por morte. Claro, um período inferior a 7 meses e 15 dias.

Nos termos da EC n. 20/98, o auxílio-reclusão é benefício do segurado que ganha até R$ 654,61.

O art. 116 do RPS esclarece melhor, que o PBPS e diz que é direito do segurado que tiver salário-de-contribuição inferior ao valor anterior e até mesmo sem ele (§ 1º). Embora expressamente não negue o direito, a IN n. 118/05 refere-se amiudemente ao antigo trabalho exercido pelo titular do segurado que faz jus ao benefício.

## 108. Contagem recíproca

Com as prescrições da Constituição Federal (arts. 40, § 6º e 201, § 9º) e das Leis ns. 6.225/76 e 9.676/99, o tempo de serviço do RGPS é considerado no serviço público e o do servidor é computado pelo INSS, para os diversos fins da previdência social.

Desde a Lei n. 5.610/70, o tempo de serviço do facultativo é válido como tempo de contribuição. Logo, o período de mensalidades vertidas voluntariamente será aproveitado no serviço público mediante as regras da contagem recíproca (PBPS, arts. 94/99).

Da mesma forma, o atual facultativo que prestou serviço para um órgão público adicionará o tempo de serviço público junto do RGPS, para quaisquer fins do PBPS.

## 109. Período da carência

Como quaisquer outras contribuições, as mensalidades vertidas pelo facultativo prestam-se para realizar ou completar o período de carência.

Isso é muito importante, especialmente depois que a Lei n. 10.666/03 permitiu resgatar contribuições mensais pretéritas (para a aposentadoria por idade) e somá-las com novas contribuições hodiernas.

Estes pagamentos, contidos no período básico de cálculo, de regra iniciado em julho de 1994, afetam sensivelmente a renda mensal inicial.

## 110. Salário-de-benefício

Cada grupo de 12 mensalidades correspondente a um ano de serviço, para fins dos coeficientes aplicáveis ao salário-de-benefício da aposentadoria por idade ou por tempo de contribuição, é a única circunstância em que o tempo de serviço afeta a renda mensal inicial.

Nessas condições, muitas vezes é importante que o segurado obrigatório (ou não, valendo a conclusão para o próprio facultativo) recolha alguns meses completando o ano e, assim, fazendo jus a mais 1%.

# CAPÍTULO XI

## SERVIDOR PÚBLICO

O regime jurídico próprio de previdência social do servidor (RPPS) é semelhante, mas não igual ao RGPS. Tradicionalmente, em razão do vínculo administrativo e do papel do Estado na organização social, a relação que mantém com o ente político é um elo trabalhista, mas não celetista, com outras características e que por comparação com a do empregado, é atípica e apresenta nuanças diferenciadas.

Sem embargo do esforço de identificar os dois trabalhadores, da universalização iniciada com a reforma administrativa e previdenciária, é em grande parte mais objeto do Direito Administrativo do que do Direito do Trabalho ou Previdenciário.

Embora não subsista qualquer óbice técnico para que assim fosse, quando o servidor se desliga da Administração Pública ele é impedido de manter o *status* de protegido exatamente como antes, sem prejuízo de não perder o tempo de serviço nem o salário-de-contribuição, que podem ser resgatados quando do ingresso em outro órgão público (o que nem sempre é possível) ou na iniciativa privada, por intermédio da contagem recíproca de tempo de serviço (Lei n. 6.226/75).

Mas por falta de convenção histórica e positivação legal, não há a possibilidade de preservar a relação jurídica previdenciária (nem mesmo o *status* formal de servidor) mediante uma espécie de contribuição facultativa, dúplice ou não e, assim, ele não tem como continuar na situação em que se encontrava, exceto se fizer novo concurso e reingressar na Administração Pública.

Esse é cenário anacrônico do bojo de uma previdência contributiva, raciocínio que não vale para a complementação, caso a entidade pública adote o autopatrocínio do art. 14, IV, da LBPC.

Duas questões intrigantes envolvem a possibilidade do servidor ser facultativo: a) dentro do próprio regime em que ele se encontra; e b) simultaneamente com o vínculo estatal, inscrever-se conforme o art. 13 do PCSS.

Da primeira questão a doutrina raramente tratou, a segunda conhece uma longa história, que remonta aos antigos IAPs (Parecer PGC n. 232/74, da Consultoria Geral do INPS, *in* Proc. INPS n. 2.311.928/72). Se o segurado do INPS ingressasse no IPASE não podia contribuir em dobro. O cenário normativo voltou no Parecer CGJ/E n. 106/81, da Consultoria Jurídica do INPS (*in* Proc. IAPAS n. 1.011.149/79), sempre com obstáculos à dupla filiação.

Enquanto existiu o regime especial criado pelo art. 36, II, do Decreto n. 48.959-A/60 (RGPS), com contribuição de 4% + 4% = 8%, e que desapareceu com o Decreto n. 72.771/73 (RRPS), esse regime do servidor garantia a pensão por morte, uma vez que a aposentadoria era assegurada constitucionalmente pelos cofres públicos.

No nosso entender, exarado em processo em que também falaram *Feijó Coimbra e Gemy Rebinik* (*sic*), havia permissão para ser facultativo (despacho de 22.4.76, no Proc. INPS n. 21.083/104.369/76).

Estranhamente para o Parecer n. 54/71 da Assessoria Técnica do Conselho Diretor do MTPS, o avulso, que não é estatutário nem celetista, sem serviço não podia contribuir em dobro (Proc. MTPS n. 128.690/90).

## 111. Normas regentes

Até que a EC n. 20/98 modificasse sua redação, dizia o art. 201, § 1º, da Constituição Federal de 1988: "Qualquer pessoa poderá participar dos benefícios da previdência social, mediante contribuição na forma dos planos previdenciários". Uma norma dispositiva abrigada sob o princípio da universalidade horizontal (art. 194, parágrafo único, I).

Com essa EC n. 20/98, o art. 201, § 5º, da Lei Maior passou a dispor: "É vedada a filiação a regime geral de previdência social, na qualidade de segurado facultativo, de pessoa participante de regime próprio de previdência".

Muito antes disso e como expressão da multiplicidade filiativa, dispunha a lei ordinária que: "Caso o servidor ou o militar venham a exercer, concomitantemente, uma ou mais atividades abrangidas pelo Regime Geral de Previdência Social, tornar-se-ão segurados obrigatórios em relação a essas atividades" (art. 12, § 1º, do PBPS).

Fora da previdência de direito público, outro raciocínio informou o art. 16 da Lei Complementar n. 109/01, agora na linha da universalidade:

"os planos de benefícios devem ser, obrigatoriamente, oferecidos a todos os empregados dos patrocinadores ou associados dos instituidores".

Dispõe o art. 11, § 2º, do RPS que: "É vedada a filiação ao Regime Geral de Previdência Social, na qualidade de segurado facultativo, de pessoa participante de regime próprio de previdência social, salvo na hipótese de afastamento sem vencimento e desde que não permitida, nesta condição, contribuição ao respectivo regime próprio".

## 112. Universalidade da cobertura

À exceção do art. 201, § 5º, as fontes formais pertinentes, em linhas gerais, indicam a universalidade de cobertura, que significava e significa que se alguém exercer uma atividade profissional (expressão empregada *lato sensu*, porque abrangendo a econômica), de alguma forma deve haver proteção pela previdência social, estatal ou particular, como segurado obrigatório ou facultativo.

O fato de a EC n. 20/98 ter dado outra versão ao art. 201, § 1º, da CF, em franca oposição, não modificou em nada a cobertura universal. Os princípios da seguridade social, além de constarem dela, postam-se acima da Norma Superior.

Ontologicamente, não subsiste diferença entre aquele servidor ou militar que exerça atividade remunerada, antes mencionado no PBPS, filiado obrigatoriamente ao RGPS e que deixou de exercer o trabalho particular, e o trabalhador da iniciativa privada. São legalmente iguais.

## 113. Impropriedade constitucional

Diante da universalidade da seguridade social, diretriz superior que abre a lista dos princípios constitucionais, assente na doutrina nacional sem qualquer contestação e em virtude do programado equilíbrio atuarial e financeiro (*caput* do art. 201), é absurdo lógico impedir alguém de se filiar e de contribuir, particularmente como facultativo. Obstar esse direito elementar é transformar as pessoas em cidadãos de segunda categoria.

Historicamente, o anacronismo da vedação constitucional se deveu à natural salvaguarda contra fraudes legais (*sic*), regra técnica que se impunha antes da Lei n. 9.876/99, quando o período básico de cálculo era de 36 meses e a signalagmaticidade entre contribuição e benefício não se expressava tão materialmente.

Diante da dispensa da prova exaustiva do trabalho profissional ou econômico, do ponto de vista prático, hoje (2006) a diferença básica entre o facultativo e o obrigatório contribuinte individual é o ISS (na prática, nem sempre exigido).

Considerando a contributividade, reforçada pela EC n. 20/98, e instrumentalizada pela Lei n. 9.876/99 e reafirmada pela Orientação Normativa SPS n. 5/04, o que importa é o fluxo contínuo de pagamentos da contribuição mensal não desequilibrar o sistema, não desprezando a situação pessoal do segurado. Este, saliente-se, pode empregar suas economias excedentes num plano de previdência aberta (evidenciando a amoralidade do regime protetivo nacional), sistema que, aliás, também comporta o participante autopatrocinado (LBPC, art. 14, IV), na previdência fechada e qualquer pessoa, na aberta.

Inexistente norma de superdireito contrariando a multiplicidade de filiações e prestações, abrigando até mesmo a dupla aposentadoria no serviço público (CF, art. 40, § 6º), ausente regra excludente que envolva a previdência privada em confronto com a pública, num sistema nacional de genérica proteção, resta totalmente sem sentido aquele § 5º do art. 201 da Carta Magna.

### 114. Obrigatório e facultativo

Em virtude da sempre lembrada contributividade, o servidor que exerce outra atividade abrangida pelo RGPS, é legalmente segurado obrigatório, contribui e recebe os benefícios próprios da iniciativa privada, cumulando a proteção previdenciária pública com a particular. Por que não autorizar o facultativo, da mesma forma, *sponte propria*, a contribuir?

A rigor, *de lege ferenda*, tecnicamente todos os segurados obrigados poderiam aumentar a base de cálculo da contribuição mesmo sem exercer uma segunda atividade ou emprego. Exceto se houver preferência pela previdência privada.

A ociosidade do indivíduo (por ser um não-empregado, desempregado ou inativo por força das condições socioeconômicas do País ou razões pessoais) não é nem poderia ser execrada pelo Direito Previdenciário. Tanto que qualquer pessoa pode aportar voluntariamente durante 35 anos sem trabalhar um só dia e se aposentar (*sic*).

Dirão alguns que ao servidor exonerado ou demitido é vedado contribuir em dobro e manter-se como tal. Cientificamente era obstado enquanto sua aposentadoria foi um prêmio a dedicação ao Estado, numa previdência distributiva. Agora, que também eminentemente é contributiva, não há entrave filosófico. Inexiste prejuízo ao sistema por uma figura de autopatrocinado no serviço público se, por força da Lei Complementar n. 109/01, ele viger no fundo de pensão do servidor (EC n. 41/03). O RGPS não admitir alguém ser obrigatório ou facultativo, deixou de ser verdade.

Trata-se de anacronismo vinculado à origem do dobrista, sem qualquer sentido protetivo, atuarial ou previdenciário, já que esse reforço da proteção é possível por outro meio legal na previdência supletiva. A Lei n. 3.765/60 autorizava o militar ativo pagar com base em duas patentes acima da sua para fins da pensão por morte.

Vale lembrar que a legislação já permitiu que pessoas remuneradas contribuíssem em dobro. O subitem 29.3 da Portaria SPS n. 2/79, ditava: "A faculdade de contribuir em dobro aplica-se também aos membros classistas da Justiça do Trabalho, cuja contribuição em dobro incidente sobre a remuneração que perceberem pelo exercício do cargo de Juiz independe da contribuição normal que continuem recolhendo em decorrência da remuneração eventualmente mantida pela empresa a que pertençam, observado o limite máximo" (alteração promovida pela Portaria SPS n. 3/80).

Por seu turno, bem antes, a Resolução CD/DNPS n. 556/65 dizia que os representantes classistas afastados das empresas podiam contribuir em dobro. Segundo a Resolução CD/DNPS n. 24/68, até mesmo independentemente do que ganhassem na empresa.

### 115. Auto-aplicabilidade da norma

A partir de 16.12.98, o art. 14 do PCSS ficou diretamente vinculado à vedação do art. 201, § 5º, da Lei Maior. Poderia ter sido derrogado pela EC n. 20/98, mas jurídica e formalmente isso não sucedeu e continua com o mesmo texto desde 24.7.91.

Lembrando-se ainda uma vez da universalidade, da contributividade e da multiplicidade filiativa da proteção social, aqui referidas *ad nauseam*, resulta que o art. 201, § 5º, da CF, não é auto-aplicável. Reclama regulamentação infraconstitucional, com a modificação do mencionado art. 14 do PCSS e, no ensejo, aproveitando-se para mudar o nome da aposentadoria por tempo de serviço para aposentadoria por tempo de contribuição.

Nessa regulamentação precisa ficar claro se o "participante" — palavra tomada emprestada da previdência complementar — é o trabalhador ativo ou o inativo, a ser entendida nos termos do RGPS e não da Lei Complementar n. 109/01. Claro, sem a distinção legal, abrangeria o servidor que trabalha ou o aposentado.

## 116. Art. 14 do PCSS

Diz o art. 14 do PCSS: "é segurado facultativo o maior de 14 (quatorze) anos de idade que se filiar ao Regime Geral de Previdência Social, mediante contribuição, na forma do art. 21, desde que não incluído nas disposições do art. 12".

As condições legais, portanto, são três: a) ter mais de 14 anos (na verdade, 16 anos); b) vontade de se filiar, vale dizer, inscrever-se, o que é aperfeiçoado com a contribuição; e c) não estar relacionado no art. 12 do PCSS, que não fala no servidor, por sinal, cuidado no art. 13 do PCSS.

Não se vislumbra aí óbice algum ao servidor vir a ser, ao mesmo tempo, segurado facultativo, idéia que permitiu ampliar a proteção social ao segurado especial (PCSS, art. 12, VII). Enquanto essa redação se mantiver e o art. 201, § 5º, da CF (com toda a sua impropriedade e provável inconstitucionalidade) não for regulamentado, tecnicamente nada erodiria essa nova filiação, as contribuições e os benefícios.

Isoladamente considerado, isto é, sem ser servidor, a lei permite a contribuição voluntária, o que arreda eventual preconceito contra o servidor.

Argüir-se não ser a atual previdência social aplicação financeira ou caderneta de poupança de nada adiantará, porque infelizmente vai adquirindo esse viés por determinação do legislador.

Quando o RGPS adotar o plano de benefícios de contribuição definida — pelo menos para as prestações previsíveis, isso ficará mais patente. Aliás, o não-servidor poderá filiar-se como facultativo e, falecendo, oferece pensão por morte e aposentadoria.

## 117. Servidor facultativo

Dentro do regime próprio de previdência social do servidor (Lei n. 9.717/98), e como referência e paradigma lembra-se o Estatuto do Servidor Público Civil da União (Lei n. 8.112/90), cessado o vínculo jurídico laboral com o ente público, com demissão ou exoneração, nele não há possibilidade de manutenção do vínculo previdenciário.

É evidente a omissão do elaborador da norma. Com uma previdência social contributiva não há razão lógica para impedir que ele, afastado do serviço público, continue recolhendo valores pessoais, calculados de modo a não afetar o equilíbrio atuarial e financeiro da entidade, e que venha a obter os benefícios previstos na legislação.

## 118. Direito adquirido

Aparentemente, diante da compulsoriedade da previdência social e da obrigatoriedade dos seus aportes mensais, não haveria interesse em especular sobre o dever de contribuir e, por via de conseqüência, a respeito de alguém poder cotizar, sobre eventual garantia constitucional ou legal na área exacional, no que diz respeito ao direito adquirido. Entretanto, assim não é.

Por se tratar de conquista dos trabalhadores, a proteção social é pertinente à filiação, à inscrição e à contribuição, subsumida em relação jurídica previdenciária, formal, material e fiscal, consubstanciando-se como instrumento da cobertura. As pessoas são forçadas exacionalmente, mas elas também as endossam, promovem contribuições *sponte propria* e, em alguns casos, naturalmente de bom grado, quando pensam na proteção.

Consulte-se a exceção do facultativo, autorizado a pagar e a deixar de fazê-lo quando quiser. Idéia válida dentro de um regime contributivo em que o legislador reconhece a volição dos segurados na decantação da hipótese de incidência e acolhe o desejo do contribuinte de optar por esta ou aquela medida do fato gerador ("Direito Adquirido na Previdência Social", 2. ed., São Paulo: LTr, 2003, p. 131).

Nestas condições, considera-se a pretensão de contribuir do facultativo, que data de 10.1.1835 (*sic*) e do seu direito adquirido também. Não se confundindo com preservação de regime revogado, mas sim do direito de aportar, com efeito, se o servidor antes de 16.12.98 pagou como facultativo (relação jurídica de custeio), a permissão deve ser mantida.

Cumprindo as regras de transição, quando do advento da EC n. 20/98, essa faculdade deveria ser respeitada e, na pior das hipóteses, *ad argumentandum*, se a norma *sub examinem* fosse boa, valeria somente para inscrições a partir dessa data.

Ausente direito adquirido a regime, por questão de justiça, não há previsão para a restituição dessas contribuições (não consumadas nas prestações de risco), se consideradas indevidas a partir de 16.12.98, correndo-se, então, o risco de enriquecimento ilícito.

**119. Contribuição definida**

Depois das EC ns. 20/98, 41/03 e 47/05, das Leis Complementares ns. 108/01 e 109/01, e das Leis ns. 9.717/98, 9.876/99, 10.666/03 e 10.887/04, a previdência social brasileira caminha para um plano de benefícios de contribuição definida. Nosso sistema previdenciário permite a multiplicidade filiativa e contributiva na previdência complementar aberta ou fechada com o viés de facultatividade. Nesse desenho o servidor poderia contribuir com base maior que os vencimentos, depois de exonerado ou de demitido ou simultaneamente com a condição de facultativo do RGPS.

**120. Conclusões finais**

A restrição do art. 201, § 5º contraria a essência técnica da CF, esboçada em seu postulado da universalidade horizontal e vertical, princípio que inspirou o legislador ordinário a determinar que os planos de saúde e a previdência privada oferecidos às pessoas não excluam ninguém (Lei n. 9.528/97).

Se não for contrário à Lei Maior, conclusão que reclama maior desenvolvimento e aqui impróprio, no mínimo ele não é auto-aplicável na esfera do RGPS e, nessas condições, seria impróprio ao INSS rejeitar a relação jurídica de custeio entre o servidor, segurado obrigatório do ente político, e as contribuições dele como facultativo.

# CAPÍTULO XII

## AUTOPATROCINADO

Em face da semelhança entre a previdência básica e a complementar, a EFPC identifica-se com o INSS e o plano de benefícios da complementação privada, lembra o RGPS. Desde a Lei n. 6.435/77 subsiste tipo de segurado praticamente com as mesmas características do facultativo do PBPS, que é o autopatrocinado (art. 42, § 7º).

Segundo as diretrizes do CGPC, cada entidade fechada regulamentará a filiação, a inscrição e a contribuição deste participante voluntário, bem como os procedimentos gerais, dispondo sobre a manutenção da qualidade, continuidade da relação, sanções devidas à inadimplência e outros aspectos formais do dúplice aporte. Especialmente, sobre o prazo para que o interessado, desligado da patrocinadora, se manifeste, inscrevendo-se como autopatrocinado.

### 121. Nomenclatura oficial

Embora consagrado pelos usos e costumes, em nenhum momento a LBPC refere-se a "autopatrocinado", mas assim vem sendo designado este segurado da previdência fechada, embora melhor coubesse o título de "participante em dobro". Especialmente, fora das duas circunstâncias de manter ou aumentar o nível do salário-de-contribuição, que é o caso mais comum. Adotamos sem sucesso o vocábulo "vinculado" ("Comentários à Lei Básica da Previdência Complementar", São Paulo: LTr, 2003, p. 147) e raríssimas vezes se ouve falar em dobrista.

Não é correto aludir-se a "autopatrocínio"; isso não acontece, mesmo os recursos financeiros provindo exclusivamente do protegido. Quem patrocina é sempre uma terceira pessoa, aceitando-se a nomenclatura de um provedor, que não o próprio segurado, que faça os recolhimentos por ele. Na previdência social, o pai do segurado de 16 anos, o inscreve e paga mensalmente, sendo exemplo desse mantenedor.

Na previdência aberta, a pessoa sempre cotiza sozinha e da mesma forma na entidade fechada associativa e nem por isso os seus participantes vêm sendo assim designados.

Ainda que dessa forma usualmente não apontado, já que não é assistido, o autopatrocinado é participante (ativo) e nessas condições, para todos os fins legais deve ser considerado, inclusive com vistas à adequação do déficit ou superávit (LBPC, arts. 20/21).

## 122. Fonte formal

Atualmente a fonte legal do autopatrocinado é o art. 14, IV, da LBPC, onde se colhe: "faculdade de o participante manter o valor de sua contribuição e a do patrocinador no caso de perda parcial ou total da remuneração recebida, para assegurar a percepção dos benefícios nos níveis correspondentes àquela remuneração ou em outros definidos em normas regulamentares".

Nessa precária redação — o legislador dispôs sobre três assuntos ao mesmo tempo (contribuir em dobro, nivelar e melhorar o salário-de-contribuição) — aclara-se um pouco mais a possibilidade do dúplice aporte, o que não acontecia com a Lei n. 6.435/77.

Administrativamente, outras informações são encontradas nas Resoluções CGPC ns. 9/02, 13/02 e 6/03 (arts. 37/30) e, ainda, na Instrução Normativa SPC n. 5/03. De alguma forma, quando compatíveis, por analogia, vale remeter às regras do facultativo do RGPS e de outras leis ora apreciadas.

Como antecipado, diferentemente da Lei n. 6.435/77, que falava em "perda parcial", o art. 12, § 3º, do Decreto n. 81.240/78 mencionava a "perda total", então impondo uma curiosíssima e ilegal regra de ter de ocupar o cargo há mais de 36 meses, mas sem a ousadia de melhor descrever o autopatrocinado.

## 123. Conceito do instituto

Autopatrocinado é o participante que perdeu a base técnica da filiação — fazer parte do quadro de empregados da patrocinadora — e desejando manter a relação jurídica de previdência complementar com a entidade, depois de expressar formalmente essa volição, nos termos do Regulamento Básico, assumindo a base (a sua volição), passa a verter a contribuição ali especialmente estipulada, em termos de nível correspondente a sua parte e a da ex-patrocinadora.

Não há conceito legal nem regulamentar. Administrativamente, para o art. 27 da Resolução CGPC n. 6/03 é "a faculdade de o participante manter o valor de sua contribuição e a do patrocinador, no caso de perda parcial ou total da remuneração recebida, para assegurar a percepção dos benefícios nos níveis correspondentes àquela remuneração ou em outros definidos em normas regulamentares".

Esclarece o parágrafo único que "A cessação do vínculo empregatício com o patrocinador deverá ser entendida como uma das formas de perda total da remuneração recebida".

*Renato Negretti Cruz* lembra que tem de ser informada a nova taxa de administração ("Previdência Privada", São Paulo: LTr, 2005, p. 197).

Substancialmente o que o distingue do facultativo do RGPS, é que pode ser válida por quem é participante ativo e, então, para melhorar o salário-de-contribuição. Em alguns casos até mesmo aumentar os níveis correspondentes àquela remuneração ou em outros definidos em normas regulamentares (*in fine* do inciso IV do art. 14). A lei não impede que esse afastado da patrocinadora, quando voluntariamente opta pela dúplice contribuição, o faça sobre base de cálculo superior anterior.

## 124. Facultatividade da refiliação

Evidentemente, manter-se no segmento complementar fechado — tanto quanto nele ingressar — decorre da vontade do titular, externada formalmente por escrito e que não se presume, restando arredado se ele encaminha os procedimentos da portabilidade, do resgate ou manifesta interesse formal pelo *vesting*.

Atendidos os preceitos regulamentares, no bojo do contrato de adesão, essa volição convencional não pode ser recusada pela entidade.

Pode ser formalmente promovida pelo próprio interessado, procurador ou alguém que legalmente o represente.

## 125. Duplicidade do aporte

No mais comum dos casos, o Regulamento Básico da EFPC determinará que o custo desse participante será dúplice, equivalente a quanto ele e a patrocinadora antes recolhiam, mas não necessariamente o dobro. Questão que se propõe especialmente no tocante ao plano de contribuição definida (podendo ser maior ou menor), como previsto no art. 11 da IN SPC n. 5/03 ou no plano não contributório.

Caso se trate de um plano não contributório, ele recolherá exatamente o que a patrocinadora pagava e na rara hipótese de ser o único contribuinte (caso da entidade associativa e circunstancialmente de alguma EFPC cujo patrocinador havia se retirado quando ele ingressou e o plano continuou existindo), apenas o que ele contribuía.

## 126. Pressuposto lógico

Abstraindo o cenário da manutenção ou do aumento do salário-de-contribuição, que se refere ao participante ativo — que no momento não tem interesse —, os pressupostos materiais são o efetivo afastamento do trabalhador da patrocinadora e sua vontade de permanecer no plano de benefícios da EFPC.

Vale lembrar que o art. 31 da Resolução CGPC n. 12/04, que fala em rescisão contratual, não se presta para os fins de portabilidade, resgate e *vesting*. Presume-se que o trabalhador pretenda os mesmos benefícios dos demais participantes (art. 10 da IN SPC n. 5/03).

## 127. Cenário anterior

O segurado que opta pela dúplice contribuição em razão de ter-se afastado da empresa patrocinadora, a ela voltando a manter uma relação empregatícia, tornar-se-á o que se chama de participante ativo e, é claro, posteriormente poderá encaminhar um segundo autopatrocínio se outra vez dela se retirar.

Uma das hipóteses dessa dúplice contribuição dá-se quando o empregado teve o contrato de trabalho rompido e está litigando na Justiça do Trabalho, pretendendo a reassunção no cargo.

## 128. Portabilidade dos capitais

Quem procede conforme o art. 14, IV, da LBPC, mantém igual a relação jurídica de previdência complementar com a entidade e, nessas condições, em algum momento tem permissão para portar as contribuições até então recolhidas para outro fundo de pensão (art. 29 da Resolução CGPC n. 6/03) nas mesmas condições ("A Portabilidade na Previdência Complementar", São Paulo: LTr, 2003).

Pequeno questionamento pode surgir da distinção entre as contribuições da patrocinadora e as suas em relação à vigência da norma sobre a portabilidade, devendo-se entender que são as suas que verteram como participante e como autopatrocinado.

## 129. Transformação em *vesting*

Da mesma forma, esse segurado tem permissão para cessar as contribuições mensais, sem resgatá-las ou portá-las e aguardar o instante para futuramente usufruir o *vesting*.

Assim sendo, ele cessará os recolhimentos mensais e comunicara à EFPC essa sua intenção, bem como a requerer o benefício proporcional diferido quando complementar os requisitos regulamentares.

## 130. Resgate futuro

Por último, ele também poderá resgatar as contribuições pessoais vertidas até a adoção do autopatrocínio e a dupla cota que pagou sucessivamente, mediante a figura do resgate.

CAPÍTULO XIII

## CONGRESSISTA FACULTATIVO

A par do RGPS e do RPPS até que desaparecesse, subsistiu um regime de previdência do parlamentar, hoje designado como Plano de Seguridade Social dos Congressistas (PSSC). Quem administrava essa previdência era o Instituto de Previdência dos Congressistas (IPC).

### 131. Extinção do IPC

Até que fosse extinto o IPC pela Lei n. 9.506/97, diversas normas jurídicas dispuseram sobre um regime próprio de previdência social que abrigava os parlamentares federais, isto é, os deputados federais e senadores da República e também os servidores públicos que prestavam serviços na Câmara e no Senado.

Esse regime de previdência produziu polêmica entre os magistrados e o MPS quando do encaminhamento da EC n. 41/03. Respondendo ao presidente da AMB, *Cláudio Baldino Maciel*, o então Min. *Ricardo Berzoini* disse que: "Quanto ao Legislativo, graças as lutas do povo, desde 1999 o nefasto IPC está em extinção. Hoje, o parlamentar federal tem duas opções. Pode se inscrever no PSSC (Plano de Seguridade dos Congressistas), cuja idade para aposentar é de 60 anos, e cujo benefício é proporcional aos anos de mandato, portanto só integral para os que tiverem 60 anos de idade e trinta e cinco de mandato. Ou pode ficar no INSS" ("Artigos do Ministro", *in* Jornal do Brasil de 6.4.03).

Tal regime foi substituído pelo PSSC, em 1999, mantido pela União, sem personalidade jurídica.

Aquela Lei n. 9.506/97 institui um regime voluntário de previdência, ou seja, os parlamentares não são obrigados nele ingressar.

Assumindo o mandato, eles têm 30 dias para dele participarem (art. 2º), mas se não o fizerem são segurados obrigatórios do RGPS (PCSS, art. 12, *h*), exceto se filiados a um outro regime próprio de previdência, que só pode ser o do servidor (RPPS).

Em suma, os parlamentares sem direito adquirido no extinto IPC podem se filiar ao PSSC ou ao RGPS, exceto se inscrito num RPPS. Escolhendo o PSSC, terão: aposentadoria integral por invalidez ou com 35 anos de mandato e 60 anos de idade e proporcional ou aos 35 anos de contribuição e 60 anos de idade.

## 132. Fontes de consulta

O IPC foi criado pela Lei n. 4.284/63, norma que previa a figura de um facultativo (art. 2º, § 1º), determinando que os servidores do Congresso Nacional "e os parlamentares da última legislatura", também podiam se inscrever como facultativos. Ele tinha personalidade jurídica própria, CNPJ, autonomia administrativa, sede e atuação na Capital da República, funcionando no Edifício do Congresso Nacional.

A Lei n. 4.937/66 alterou essa Lei n. 4.284/63 e regulou novamente a filiação facultativa (art. 1º), mantendo a inscrição dos servidores do Congresso Nacional (§ 2º).

Toda a organização do IPC foi objeto da Lei n. 6.017/83, que ainda tratou dos segurados facultativos, entre parlamentares e servidores.

A Lei n. 6.311/75 promoveu pequenas modificações nas normas anteriores.

Sua estrutura foi revista pela Lei n. 7.087/82 que regulamentou amplamente a contribuição facultativa dos parlamentares ex-congressistas (art. 22).

Com a Lei n. 7.266/84 inovou-se a legislação do IPC, revendo principalmente as alíquotas de contribuições.

Finalmente, a Lei n. 9.506/97, o PBPS (art. 11) e o PCSS (art. 12), foram as últimas normas legais pertinentes aos congressistas.

## 133. Custeio do PSSC

Além de outras fontes, originariamente a receita do IPC constituía-se das seguintes contribuições: I — dos segurados, descontada mensalmente em folha, correspondente a: a) 10% dos subsídios (partes fixa e variável) e das diárias pagas aos congressistas e b) 10% (dez por cento) do vencimento efetivo ou salário-base dos servidores; II — do Senado Federal e da Câmara dos Deputados, de 20% dos subsídios fixo e variável e das diárias pagas aos Congressistas; III — dos órgãos aos quais pertenciam os segurados facultativos, de 20% dos vencimentos efetivos e salários básicos pagos em cada mês aos mesmos; IV — desconto mensal de 7% das pensões pagas a ex-contribuintes.

Não só os parlamentares, mas também os servidores públicos eram filiados ao IPC.

Com a criação do PSSC (art. 12 da Lei n. 9.506/97) em substituição ao IPC, a contribuição dos parlamentares das duas câmaras superiores do Poder Legislativo passou a ser de 11%, igual a do servidor federal (art. 12, I/III).

### 134. Segurados obrigatórios

Eram segurados obrigatórios do IPC, independentemente de idade e do exame de saúde, os congressistas e, quando em exercício, os suplentes de deputado federal e senador (art. 21 da Lei n. 7.087/82).

Tal obrigatoriedade desapareceu e se transformou em facultatividade em relação ao PSSC.

### 135. Contribuintes facultativos

Lembrando um pouco o antigo contribuinte em dobro do RGPS, a Lei n. 7.087/82 permitia ao parlamentar, que teve cessado o seu mandato, não importando se no prazo constitucional ou por cassação, que se mantivesse no regime protetivo mediante contribuição voluntária.

Segundo o seu art. 22, filiar-se-iam como segurados facultativos do IPC "os servidores atualmente integrantes do quadro de filiados e os servidores do Senado Federal e de seus órgãos supervisionados, e os da Câmara dos Deputados, que venham a se inscrever como filiados a partir da data da entrada em vigor desta Lei".

O congressista que, ao término do exercício do mandato, não houvesse cumprido o período de oito anos, consecutivos ou alternados, e o segurado facultativo que se desligasse do órgão ao qual pertencia, estavam autorizados a continuar contribuindo mensalmente com as partes correspondentes ao do segurado e ao do órgão, até que completassem o tempo mínimo ou a idade estabelecida no art. 34 da lei, devendo as suas contribuições integrais receberem os reajustes proporcionais à majoração do valor-base de cálculo.

Esse congressista facultativo, "assegurados os direitos adquiridos, na forma da Lei n. n. 7.087, de 29 de dezembro de 1982, até a liquidação do IPC" (art. 1º, § 2º da Lei n. 9.506/97) teve direito às prestações; filiar-se e manter-se como facultativo não mais é possível, sendo devolvidas as contribuições que antes havia vertido (art. 1º, § 5º, II).

Perdia a qualidade de congressista segurado do IPC aquele que deixasse de pagar as contribuições durante seis meses (art. 25, § 5°).

### 136. Prazo para habilitação

O prazo para habilitação à continuidade da contribuição para a carência era de seis meses, improrrogáveis, a contar do dia imediato ao fim do mandato ou do exercício do mandato ou do dia do desligamento (parágrafo único do art. 24 da Lei n. 7.087/82).

### 137. Restituição das contribuições

O segurado que desistisse de pagar o restante do período de carência, que cancelasse ou tivesse cancelado sua inscrição, não tinha restituídas as contribuições já operadas, podendo, no entanto, reinscrever-se no IPC. Os que se tornassem segurados mediante uma reinscrição, inclusive os pensionistas, eram considerados, para todos os efeitos legais, como se inscritos pela primeira vez no IPC.

Mas isso não se aplicava aos antigos segurados obrigatórios que viessem a ser reinscritos na mesma categoria, que tinham as contribuições anteriores consideradas para todos os efeitos legais, desde que satisfeitas as exigências constantes do art. 26 da Lei.

As contribuições pagas dos que mudassem de categoria não se comunicavam, garantidos, no entanto, os direitos assegurados na lei em relação a cada uma delas.

Pondo fim a possibilidade da filiação facultativa, o art. 1º, § 5º, da Lei n. 9.506/97, autorizou a Casa Legislativa a devolver as contribuições vertidas até o dia 30.10.97 (inciso II). Isso podia ser feito até mesmo antes de fevereiro de 1999 — data programada para extinção do IPC —, sendo ressarcido do que pagou (art. 1º, § 7º).

O Min. *José Delgado*, citando o Min. *João Otavio de Noronha* (RESP n. 427.223/DF, *in* DJU de 20.10.03), entendeu que os parlamentares que não preencheram os requisitos legais para obter benefícios no IPC têm direito de ter de volta as contribuições vertidas, "visto que os segurados, ex-contribuintes, após a extinção, nenhum benefício receberão em contrapartida, evitando-se, assim, o enriquecimento ilícito da União, sucessora do IPC" (RESP n. 638.514/DF, *in* Proc. n. 2004.0014453-5, de 22.6.04, *in* DJU de 16.8.04, p. 153).

### 138. Afastamento temporário

No caso de afastamento temporário que não permitisse desconto em folha, o segurado pagava, mensalmente, sua contribuição e a do órgão a que pertencesse, enquanto perdurasse o impedimento.

### 139. Filiação histórica

Diante da Lei n. 6.439/77 e da existência das três autarquias, IAPAS, INAMPS e INPS, a LOPS e sua lei consolidadora, a CLPS (Decreto n. 89.312/84), até 31.10.91 foi regulamentada pelo Decreto n. 83.080/79 (Regulamento dos Benefícios da Previdência Social — RCPS).

Enquanto vigeu, o seu art. 353, autorizou o congressista a se inscrever no regime do servidor público federal, desde que tivesse menos de 68 anos de idade. O § 2º dispunha que: "O contribuinte na forma deste artigo que deixar de ser congressista pode conservar a qualidade de segurado, desde que continue a recolher as contribuições", sem prejuízo de filiar-se à previdência do servidor público (§ 3º), perdendo essa qualidade, caso deixasse de pagar por quatro meses (§ 4º). Praticamente o mesmo colhia-se no art. 28 do Decreto n. 83.081/79 (RCPS).

Por seu turno, de acordo com a letra *d* do subitem 1.321, do Capítulo V, Parte 2, da CANSB, o segurado afastado do trabalho para exercer mandato eletivo federal (e estadual ou municipal), podia contribuir em dobro para o RGPS (Circular INPS n. 421-010.0/79, de 7.7.82), o que voltou a ser acolhido na Lei n. 9.506/97.

### 140. Contagem recíproca

Os parlamentares podem ser classificados como agentes públicos, mas nunca foram tidos como servidores públicos *stricto sensu*. Desta forma, de regra teriam obstado a pretensão de se utilizar a contagem recíproca de tempo de serviço prevista nos arts. 94/99 do PBPS.

O tempo de mandato estadual ou municipal, entretanto, pode ser averbado (art. 5º da Lei n. 9.506/97). A Câmara dos Deputados e o Senado Federal têm permissão para celebrar convênios com entidades municipais e estaduais para que seja promovido o acerto de contas quando dessa averbação (art. 6º), a exemplo do que sucede entre os entes políticos com regime próprio e o INSS (Lei n. 9.676/99). Evidentemente, filiado ao RGPS, antes ou depois de assunção no cargo eletivo, a contagem recíproca de tempo de serviço está à sua disposição.

CAPÍTULO XIV

## FACULTATIVO MILITAR

Logo após disciplinar a seguridade social do servidor civil (art. 40), a Constituição Federal de 1988, com a redação das EC ns. 19/98, 20/98, 41/03 e 47/05, dispõe sobre a Polícia Militar e o Corpo de Bombeiros dos Estados, DF e territórios, reservando o seu art. 142 aos membros das Forças Armadas, no Capítulo II do Título V — Da Defesa do Estado e das Instituições Democráticas, particularmente o inciso VIII desse artigo. Atualmente, a norma fundamental ordinária é o Estatuto dos Militares (Lei n. 6.880/80).

Ausente em favor do ex-militar em relação aos seus benefícios, na legislação castrense subsiste a figura de facultativo apenas com o objetivo de propiciar benefício aos dependentes, designada como pensão militar.

*Luiz Carlos Alves Torres* reproduziu a lei básica dessa legislação e as alterações subseqüentes ("Direito Previdenciário Militar", 3. ed., Rio: Destaque Editora, p. 15). Ele assinala um contribuinte remanescente, previsto nos arts. 66/67 do Montepio Militar (ob. cit., pp. 21/22).

Pensão militar, que não pode ser confundida com a pensão especial da Lei n 3.738/60, privativa da viúva (Proc. TCU ns. 006.484/79 e 13.350/83-8), nem com a pensão específica do ex-combatente (Leis ns. 4.243/63 e 5.315/67) ou com a da Lei n. 6.592/78 e, muito menos, com a pensão especial dos dependentes do ex-combatente (Lei n. 8.059/90).

### 141. LBPM e Regulamento

Essa possibilidade de ser facultativo e a pensão por morte outorgada aos beneficiários do contribuinte, está regulada na Lei Básica da Pensão Militar — LBPM (Lei n. 3.765/60), regulamentada pelo Decreto n. 49.096/60.

Sucessivamente ela foi alterada pelas Leis ns. 4.958/66, 5.774/71 e 6.880/80, normas a serem consultadas para haver atualização da fonte formal.

## 142. Segurados facultativos

Segundo o art. 2º da LBPM: "Os oficiais demitidos a pedido e as praças licenciadas ou excluídas poderão continuar como contribuintes da pensão militar, desde que o requeiram e se obriguem ao pagamento da respectiva contribuição, a partir da data em que forem demitidos, licenciados ou excluídos".

Quer dizer, por ato voluntário do titular, aqueles que se afastam das Forças Armadas, mas desejam manter os direitos previdenciários para os seus dependentes, têm liberdade para contribuir até que venham a falecer, quando, então, será deferida a pensão militar. Que, por transporte da remissão válida, por seu turno, se abeberá nas idéias de ausência, desaparecimento, concorrência, etc., do RGPS (PBPS, art. 78). Impunha como pressuposto apenas o afastamento daquele militar segurado obrigatório.

## 143. Alíquota de contribuição

Em sua versão original, a contribuição era de um dia de vencimentos, ou seja, montante igual a do militar na atividade (art. 3º, § 1º). Logo, cerca de 3,33% do soldo, adotando-se, como usual, o mês de 30 dias.

Com o Decreto-lei n. 1.748/79 passou a ser de dois dias do soldo e com a Lei n. 8.216/91, subiu para três dias dos vencimentos, portanto, algo em torno 10%, o que é uma taxa alta apenas para a pensão por morte.

## 144. Aumento da base de cálculo

A exemplo do que sucede com o art. 14, IV, da LBPC, em relação ao salário-de-contribuição do participante autopatrocinado, os militares com 30 anos ou 35 anos de carreira podem pagar contribuição para a pensão militar com "um ou dois postos ou graduações acima do ou da que possuem desde que satisfaçam o pagamento das contribuições a partir do mês seguinte àquele em que completaram o referido tempo de serviço" (art. 6º).

Quer dizer, o contribuinte aumenta a proteção dos seus dependentes sob a condição de contribuir com um *quantum* maior que o habitual, mostrando que a atual idéia de poupança previdenciária não é tão nova assim.

### 145. Prazo para a inscrição

Para se tornar esse facultativo militar, contado do afastamento, o prazo legal é de doze meses da demissão, licença ou da exclusão (art. 2º, § 2º, da LBPM).

Entende-se que uma vez escoado esse limite temporal, o afastado das Forças Armadas não mais poderia contribuir com a finalidade de proteger os seus familiares, excetuado, é claro, se ele retornasse à vida castrense e novamente dela se retirasse.

Evidentemente, sempre pensando, agora, apenas na pensão por morte, as contribuições que verteu à previdência social militar podem ser aproveitadas mediante admissão da pessoa na iniciativa privada e por intermédio da contagem recíproca de tempo de serviço. E tanto quanto o facultativo do RGPS, sem obrigação de pagar dentro desse interregno que, supõe-se, seja de manutenção da qualidade de militar, o que asseguraria o direito ao benefício no caso de óbito se ocorrido dentro do prazo (interpretação a ser conciliada, entenda-se, com o disposto no Estatuto dos Militares).

### 146. Perda da qualidade

A exemplo do que sucede no RGPS, este segurado voluntário castrense também fica sujeito a perder a qualidade de segurado, conforme se vê no art. 5º da LBPM: "O contribuinte facultativo, de que trata o art. 2º desta lei, que passar 24 (vinte e quatro) meses sem recolher a sua contribuição, perderá o direito de deixar pensão militar. Se falecer dentro dêsse prazo, seus beneficiários são obrigados a pagar integralmente a dívida no ato do primeiro pagamento da pensão" (art. 5º).

Logo, haverá perecimento do direito em face da inadimplência do contribuinte, sem permissão para pagar mesmo com os acréscimos de mora.

Da contributividade que ressalta dessa disposição, é evidente que o segurado que voltar a pagar dentro do prazo de 24 meses é devedor em relação aos períodos inferiores a esse deixados para trás (como sucede com o facultativo do RGPS).

### 147. Conceito de beneficiários

É deferida a pensão militar facultativa (art. 78 da LBPM): "I — à viúva; II — aos filhos de qualquer condição, exclusive os maiores do sexo masculino, que não sejam interditos ou inválidos; II - aos netos, órfãos de pai e mãe, nas condições estipuladas para os filhos; IV — à mãe viúva, solteira ou desquitada, e ao pai inválido ou interdito (redação da Lei n 4.958/66); V — às irmãs germanas e consagüíneas, solteiras, viúvas ou desquitadas, bem com aos irmãos menores mantidos pelo contribuinte, ou maiores e interditos ou inválidos; VI — ao beneficiário instituído, desde que viva na dependência do militar e não seja do sexo masculino e maior de 21 (vinte e um) anos, salvo se fôr interdito ou inválido permanentemente" (redação da Lei n. 5.774/71 — revogado pela Lei n. 8.237/91).

Tal rol tem de ser considerado à luz do art. 50, § 2º, do Estatuto dos Militares que, inclusive, acresceu disposição sobre a "ex-esposa com direito à pensão alimentícia estabelecida por sentença transitada em julgado, enquanto não contrair novo matrimônio" (inciso VIII).

### 148. Direito dos dependentes

Os beneficiários dos militares também podem requerer a contribuição facultativa (art. 2º, § 1º, da LBPM).

Tal disposição, inexistente no RGPS ou no RPPS, faz pensar na extensão da vontade dos dependentes quando omissa, ausente ou contrário ao desejo do ex-militar, estabelecendo-se uma relação jurídica praticamente direta entre a União e esse contribuinte, que assume os ônus dos aportes, mas dele previdenciariamente se beneficia.

### 149. Prestações disponíveis

A pensão militar, em sua versão original, era de 20 vezes o valor da contribuição; caso fosse acidentária, 25 vezes essa mesma contribuição. "Se a morte do contribuinte decorrer de ferimento recebido, de acidente ocorrido, ou moléstia adquirida em operações de guerra, na defesa ou na manutenção da ordem interna, a pensão será, a 30 (trinta) vêzes a contribuição" (art. 15, § 2º, da LBPM).

Vinte e cinco e trinta vezes três dias de soldo representam, respectivamente, valor equivalente a dois e três meses de remuneração, ultrapassando, portanto, o que o militar estaria auferindo mensalmente.

## 150. Transformação em obrigatório

Se o militar afastado da Forças Armadas a ela retornar, ele perde a condição de facultativo e readquire a condição de segurado compulsório. "Os contribuintes de que trata êste artigo, quando convocados ou mobilizados, passarão à categoria de obrigatórios, durante o tempo em que servirem" (art. 2º, § 3º, da LBPM).

Evidente que as contribuições facultativas, anteriores ou posteriores às compulsórias, subseqüentemente somar-se-ão a estas para efeito de cálculo da pensão militar.

## CAPÍTULO XV

## SEGURADO ESPECIAL

Quando é apreciado o facultativo carece reservar um capítulo para um contribuinte obrigatório, ao mesmo tempo o único autorizado a contribuir voluntariamente: o segurado especial (PCSS, art. 12, VII).

Terá de ser classificado tecnicamente como um segurado obrigatório com permissão legal para acrescer o nível de suas contribuições e não alguém que apenas desfruta, simultaneamente, dessas duas condições logicamente opostas. Assim, a vontade de implementar o patamar da contribuição será apreendida mediante a inscrição e o carnê de recolhimento, e não a partir da produção rural comercializada, devendo os dois ambientes jurídicos serem sopesados separadamente, ainda que estejam muito próximos e de alguma forma se comuniquem (já que o segurado pode implementar requisitos legais segundo uma ou outra inscrição e não concomitantemente).

É curioso observar que a Carta Magna veda o servidor de contribuir como facultativo para melhorar a sua proteção e a lei ordinária permite que este segurado especial o faça. Diante da distinção do art. 195, § 8º, da Lei Maior dir-se-á que não há dissídio e que o legislador de 1991 excedeu-se ao franquear a contribuição facultativa. Quando se pensa numa previdência com viés de caderneta de poupança e aplicação financeira, não se pode conjurar esse estado de coisas.

### 151. Distinção constitucional

Diante da inesperada dicção constitucional (CF, art. 195, § 8º) — que somente desse contribuinte pontualmente cuidou e definiu (*sic*) —, importa sopesá-lo e avaliar a inédita permissão para ser facultativo. Pequeno produtor rural que justifica perquirições e até mesmo dissertações acadêmicas, *in casu*, sobre a única possibilidade de ser, simultaneamente, segurado compulsório e voluntário.

Diz o art. 195, § 8º, da Carta Magna: "O produtor, o parceiro, o meeiro e o arrendatário rurais e o pescador artesanal, bem como os respectivos cônjuges, que exerçam suas atividades em regime de economia familiar, sem empregados permanentes, contribuirão para a seguridade social mediante a aplicação de uma alíquota sobre o resultado da comercialização da produção e farão jus aos benefícios nos termos da lei".

Repete-se. Levando em conta a vedação do art. 201, § 5º, em relação ao servidor, é estranho que o legislador ordinário tenha arrostado essa determinação tão expressiva e permitido que esse pequeno produtor rural seja facultativo. Essa é exemplo daquelas atitudes "boas" no sentido científico, jamais contestadas por quem quer que seja e, assim, permanecem.

### 152. Conceito legal

Legalmente, o segurado especial é descrito como "o produtor, o parceiro, o meeiro e o arrendatário rurais, o pescador artesanal e o assemelhado, que exerçam suas atividades, individualmente ou em regime de economia familiar, ainda que com o auxílio eventual de terceiros, incluídos os seus respectivos cônjuges ou companheiros e filhos maiores de 16 anos ou a eles equiparados, desde que trabalhem, comprovadamente, com o grupo doméstico respectivo" (PBPS, art. 11, VII, com redação provinda da EC n. 20/98).

### 153. Noção administrativa

No passado, indevidamente restringindo-lhe o espectro, ele era: "aquele que, proprietário ou não, desenvolve atividade agrícola, pastoril ou hortifrutigranjeira, por conta própria, individualmente ou em regime de economia familiar" (subitem 5.7, *a*, da Orientação Normativa SPS n. 2/94); idéia que restou revogada pelo art. 7º da IN n. 118/05, quando admitiu a filiação do garimpeiro de 25.7.91 a 31.3.93 e, pela primeira vez, arrolou os índios (inciso IX do § 3º desse art. 7º).

Essa IN n. 118/05 o conceitua como "o produtor, o parceiro, o meeiro, o arrendatário rural, o pescador artesanal e os assemelhados a estes que exerçam atividade rural individualmente ou em regime de economia familiar, ainda que com auxílio eventual de terceiros, em sistema de mútua colaboração e sem utilização de mão-de-obra assalariada, bem como seus respectivos cônjuges ou companheiros e filhos maiores de dezesseis anos ou a eles equiparados, desde que trabalhem, comprovadamente, com o grupo familiar respectivo" (art. 7º, I).

Para o art. 10 da IN n. 3/05, é o "produtor, o parceiro, o meeiro, o comodatário e o arrendatário rurais, o pescador artesanal ou a ele assemelhado que exerça suas atividades individualmente ou em regime de economia familiar, ainda que com auxílio eventual de terceiros, quando comercializarem sua produção rural, na forma do art. 241".

Por último, no dizer do art. 9º, VII, do RPS é o "produtor, o parceiro, o meeiro e o arrendatário rurais, o pescador artesanal e seus assemelhados, que exerçam suas atividades, individualmente ou em regime de economia familiar, com ou sem auxílio eventual de terceiros, bem como seus respectivos cônjuges ou companheiros e filhos maiores de dezesseis anos de idade ou a eles equiparados, desde que trabalhem comprovadamente com o grupo família respectivo".

## 154. Concepção doutrinária

Já o entendemos como o pequeno proprietário ou não, prestador de serviços rurais e na pesca, um autônomo trabalhando individualmente ou em regime de economia familiar, sem o concurso de empregados.

Vale dizer, é praticamente um empreendedor de atividade rural ou pesqueira independente, geralmente trabalhando com a ajuda de familiares em propriedade de pouco vulto econômico, na maioria dos casos produzindo apenas para a subsistência do grupo familiar e que não possa ser considerado o empregador rural da Lei n. 5.889/73 (NPTR). Isto é, homem ou mulher, pai ou mãe, filho ou filha de pequeno produtor rural, cuja exploração é promovida freqüentemente em nome de apenas um deles.

## 155. Pessoas excluídas

O art. 7º da IN n. 118/05 enumera quatro pessoas assemelhadas a este rurícola, que entende não serem segurados especiais (§ 5º, I/IV), despertando dúvidas sobre a validade do preceito.

Sem fixar qualquer orientação para a distinção, abrindo questionamentos infindáveis, quando o volume da produção econômica ultrapassa o necessário para a subsistência familiar, o STJ tem entendido que os seus membros não são segurados especiais (RESP n. 783.405/GO — Proc. n. 2005.0157998-5, de 19.10.05, *in* DJU de 27.10.05, p. 390).

## 156. Contribuição facultativa

O segurado especial, reedita-se *ad nauseam*, é o único contribuinte obrigatório autorizado pela lei a se inscrever e, voluntariamente, com o declarado objetivo de melhorar a sua proteção. Evidentemente, tal paralelismo contributivo gera questionamentos.

Com efeito, diz o art. 25, § 1º, do PCSS: "O segurado especial de que trata este artigo, além da contribuição obrigatória referida no *caput*, poderá contribuir, facultativamente, na forma do art. 21 desta Lei".

Embora o art. 11 do PBPS reproduza praticamente todo o art. 12 do PCSS, a Lei n. 8.213/91 não tem norma equivalente a esse artigo antes reproduzido.

## 157. Comunicação da qualidade

A rigor, a qualidade de segurado como pequeno produtor rural não se comunicará a de facultativo e, assim, por exemplo, nessa situação particular de segurado voluntário, ele continuará sujeito ao regime do art. 15, VI, do PBPS.

Mas claro está que sendo maior a cobertura propiciada pela condição de segurado obrigatório, tem à sua disposição as regras dos incisos I/V do mesmo artigo.

A combinação dos dois cenários cria situações fáticas e jurídicas particulares, a serem consideradas em cada caso, especialmente no que diz respeito às prestações a que faz jus.

De todo modo, ainda que não seja legalmente assim definido, terá de ser entendimento como uma espécie de contribuinte individual, um tipo de autônomo rural e não como empresário rural, embora esteja a um passo de ser um produtor rural pessoa física, bastando, para isso, escapar do conceito legal, com a contratação permanente de empregados.

## 158. Aporte mensal

Assim, além dos 2% (com vistas às prestações comuns) e do 0,1% (para as prestações acidentárias) da receita bruta proveniente da comercialização de sua produção, possivelmente base de cálculo de reduzida expressão pecuniária, mais uma vez o elaborador da norma o distingue e permite que recolha 20% de qualquer valor entre aquele nível e o limite do salário-de-contribuição (PCSS, art. 25, § 1º, c/c art. 21).

Embora silentes as normas, entende-se ser a diferença porque não terá sentido contribuir como segurado obrigatório e tal valor ser desprezado para fins do limite do salário-de-contribuição em relação à situação paralela de contribuinte voluntário.

No ensejo, diz o art. 36, § 6º, do RPS, que "para o segurado especial que não contribui facultativamente, o disposto no inciso II será aplicado somando-se ao valor da aposentadoria a renda mensal do auxílio-acidente vigente na data do início da referida aposentadoria, não sendo, neste caso, aplicada a limitação contida no inciso I do § 2º do art. 39 e do art. 183".

### 159. Salário-de-benefício

Na definição do que seja o salário-de-benefício, ainda sem mencionar especificamente o segurado especial, o art. 29, II, do PBPS, diz que será a "média aritmética simples dos maiores salários-de-contribuição correspondentes a oitenta por cento de todo o período contributivo" (redação da Lei n. 9.876/99).

Esclarecendo melhor e, agora, reportando-se claramente ao segurado especial, o § 6º, II, desse mesmo art. 29, diz: "um treze avos da média aritmética simples dos maiores valores sobre os quais incidiu a sua contribuição anual, correspondentes a oitenta por cento de todo o período contributivo".

Ignora-se a razão da não adoção do 1/12; talvez devido a identificação com o contribuinte individual e que este não faria jus ao abono anual.

Ausente previsão expressa para o auxílio-acidente no art. 39, I, do PBPS, que é comando especial em relação à regra geral do seu art. 86, ele resultará em 1/2 salário mínimo.

A despeito da não incisividade da disposição desse art. 39, se o segurado tem a contribuição facultativa e a relativa à produção rural, elas serão somadas anualmente, tomando-se 1/13 desse total como salário-de-benefício.

## 160. Renda inicial

Conforme o art. 72, § 1º, da IN n. 118/05: "Para o segurado especial que não contribui facultativamente, será somada ao valor da aposentadoria a renda mensal do auxílio-acidente vigente na data do início da referida aposentadoria, não sendo, neste caso, aplicada a limitação de um salário mínimo".

Quer dizer, ainda que a aposentadoria seja de um salário mínimo, o valor do auxílio-acidente, qualquer que seja ele, será adicionado ao da aposentadoria. Pode, pois, se dar de alguém sofrer o infortúnio citadino de vir recebendo 1/2 teto, o qual será adicionado ao salário-mínimo da aposentadoria.

Diz o art. 72, § 3º, da IN n. 118/05: "No caso de transformação de auxílio-doença em aposentadoria por invalidez, inclusive decorrente de acidente de qualquer natureza, quando o segurado estiver recebendo auxílio-acidente de outra origem, a renda mensal desse benefício será somada à Renda Mensal Inicial — RMI, da aposentadoria, observado o limite máximo do salário-de-contribuição".

## CAPÍTULO XVI

## CORREÇÃO DOS PAGAMENTOS

Com a publicação da Orientação Normativa SPS n. 5/04, os pagamentos recentes do facultativo sofreram significativa afetação, produzindo-se inesperados consectários no nível da mensalidade dos seus benefícios no RGPS, em particular interferindo na renda inicial (e também na dos contribuintes individuais).

Talvez por ser uma fonte formal hierarquicamente abaixo da lei e do decreto, ela não experimentou a divulgação correspondente aos seus efeitos práticos e às inovações trazidas. Direcionada genericamente ao salário-base, que até 1999 se reportava aos contribuintes individuais, também diz respeito ao segurado voluntariamente inscrito na previdência social. A partir dessa data esse mecanismo tornou-se a medida do fato gerador da sua contribuição.

### 161. Regime contributivo

O salário-base é a expressão sintética que designava o regime de contribuição dos contribuintes individuais desde setembro de 1973 (uma criação da Lei n. 5.890/73), quando essa modalidade de aportes mensais pessoais substituiu o então salário-de-inscrição (Portaria SPS n. 31/72) e também intitulava a base de cálculo dos segurados.

Ele dizia respeito à figura de trabalhadores independentes, como empresário, autônomo, eventual e eclesiástico e, como antecipado, a partir da Lei n. 9.876/99, incluiu o facultativo.

O modelo original sofreu alterações no que diz respeito ao enquadramento inicial com o PCSS (deixou de ser o tempo de filiação e passou a ser uma média dos últimos seis salários-de-contribuição), e cujas classes da escala foram afetadas pela Lei n. 9.876/99 que programou seu progressivo desaparecimento, então previsto para dezembro de 2003.

Foi extinto pela Lei n. 10.666/03, mas nos próximos 20 anos continuará influenciando o montante dos benefícios desses segurados, gerando diferentes questionamentos num segmento sendo acolhida e evidentemente tendo certa correspectividade entre o que se paga e o que se recebe.

## 162. Escala de salários-base

Basicamente, o regime do salário-base era constituído de uma escala obrigatória de dez classes de valores pecuniários, representando ficções fiscais reajustáveis periodicamente em razão da inflação, expressões monetárias sem correspondência com os ganhos reais do trabalhador.

Com pequenas exceções históricas, o piso inferior (Classe I), era o salário mínimo (abril de 2006, R$ 350,00) e o piso superior (Classe X), em todos os casos, o teto da previdência social do RGPS (desde maio de 2006, R$ 2.801,56). Classes que foram progressivamente sendo extintas, de baixo para cima, *ex vi* da Lei n. 9.876/99 e que, por último, desapareceram em 31.3.03.

Historicamente, especialmente para o empresário, o autônomo, o eventual e o eclesiástico, o enquadramento inicial numa das dez classes da escala de salário-base, dependeu: a) de 1º.9.73 a 31.10.91 — do tempo de filiação (Lei n. 5.890/73) e b) de 1º.11.91 a 31.3.03 — da média dos últimos seis salários-de-contribuição (Lei n. 8.212/91). Desde 1º.4.03 e a partir daí o valor informado pelo segurado, deixando de ser ficção fiscal (Lei n. 10.666/03).

## 163. Evolução nas classes

Enquadrado numa classe inicial, geralmente, o salário mínimo, observados os diferentes interstícios de cada cenário — caracterizados como tempo mínimo de permanência numa mesma classe —, se assim desejasse o facultativo progredia para o patamar imediatamente superior da escala e assim prosseguia até chegar ao teto (limite do salário-de-contribuição). Excepcionalmente, em algum momento e sem justificação, podia regredir (descer) até a classe mínima e retornar (subir) à classe de onde regredira.

Embora sempre tenha sido disciplinado em apenas um (*sic*) artigo na lei, tecnicamente esse sistema era bastante complexo, longamente desenvolvido em nossos livros: "O Salário-Base na Previdência Social" (1986), "Salário-Base dos Contribuintes Individuais" (1999) e "Obrigações Previdenciárias do Contribuinte Individual" (2000), todos da LTr Editora.

Por isso, mal orientados, muitos segurados se equivocaram nos recolhimentos, pagaram a menos ou a mais, principalmente deixando de cumprir os interstícios, progredindo indevidamente para classes superiores, valores que o INSS impugnou sistematicamente até 24.12.04.

**164. ON SPS n. 5/04**

Em razão da ênfase da contributividade previdenciária (caráter institucional, jurídico e técnico que a vem assinalando), processo enfatizado com a EC n. 20/98 ao redesenhar o art. 201 da Constituição Federal e instrumentalizado com as Leis ns. 9.876/99 (período básico de cálculo e fator previdenciário) e 10.666/03, a Secretaria de Previdência Social resolveu simplificar os procedimentos administrativos internos referentes a esse mecanismo complexo de recolhimento. Provavelmente pensando mais no contribuinte individual do que no facultativo.

Ainda que padeça de algumas precariedades e impropriedades, a decisão da SPS foi ousada, dispensando a oitiva da Casa Civil da Presidência da República e disciplinando assunto tão relevante por ato normativo. Mas melhor se num decreto e até mesmo numa lei delegada ou ordinária, porque sua validade será discutida e propiciará dúvidas ainda maiores.

**165. Causas da mudança**

As inovações havidas na previdência social, especialmente com a Lei n. 9.876/99, tornaram anacrônicas algumas instituições antes observadas e que perderam todo sentido com um período básico de cálculo que, com o passar do tempo, será praticamente igual a todo o período contributivo do segurado (e que já é para quem ingressou no sistema a partir da mudança de 1999). Mais ainda com o fator previdenciário, que firma alguma relação entre o tempo de contribuição, a idade do segurado e a expectativa de vida do aposentando (e, com isso, a duração da prestação mensal).

Diz o 3º Considerando da ON SPS n. 5/04: "que a análise contributiva realizada pelo Instituto Nacional do Seguro Social — INSS, para verificação do correto enquadramento desses segurados na escala de salários-base, bem como o cumprimento dos interstícios mínimos de permanência nas classes de contribuição, deixou de representar diferença significativa no valor dos salários-de-benefício respectivos".

Exemplificativamente, significa que se o segurado, em vez de recolher pela Classe I, fê-lo indevidamente na Classe X, nos últimos 12 anos (1994/2006), teria contribuído o suficiente para manter uma renda mensal calculada com base no limite do salário-de-contribuição. À evidência, raciocínio válido para o facultativo apenas de 1999 até 2006 (exceto se de 1994 a 1999 ele estivesse normalmente no teto).

## 166. Regra vigente

Destarte, regulamentando esse considerando, diz o art. 1º da ON SPS n. 5/04: "Dispensar o INSS da realização de análise contributiva para a concessão de benefícios aos segurados contribuinte individual e facultativo, tomando como válidos os valores dos salários-de-contribuição sobre os quais foram efetuadas as contribuições, observados os limites mínimo e máximo mensais".

Assim, se o segurado desobedeceu qualquer uma das 12 regras do art. 29 da Lei n. 8.212/91, claro, desde 29.11.99, enfaticamente tenha descumprido os interstícios de permanência nas diferentes classes da escala, o INSS impugnava os pagamentos indevidos (e que, em virtude da decadência qüinqüenal, não podiam ser restituídos), e então, como conseqüência, o valor da renda mensal inicial decepcionava enormemente o segurado. Em muitos casos, aportando com base na classe X (em 2006, R$ 2.801,56 ) tinham o benefício concedido em torno da Classe III (em 2006, algo em torno de R$ 900,00).

Com a ON SPS n. 5/04 ficou decidido: I) recolhimentos anteriores contidos em pedidos de aposentadorias analisadas até 24.12.04 em desacordo com a lei, se mantêm totalmente impugnados, seguindo a lei irreal, mas vigente; II) recolhimentos indevidos anteriores contidos em processos decididos a partir dessa mesma data são aceitos e convalidados (*sic*).

Em suma: tudo bem para quem pagou corretamente. O benefício, correspectivamente, dependendo da base de cálculo, para quem pagou irregularmente ficou correto!

Abstraindo situações anteriores a 1999, cujos atuais aposentados também vão se sentir injustiçados, possivelmente buscarão a Justiça Federal alegando isonomia; essa novidade suscitará doutrinária e jurisprudencialmente a eficácia da contributividade da previdência social e deflagrará soluções de toda ordem.

## 167. Retroação administrativa

Sob o pálio do princípio do equilíbrio atuarial e financeiro introduzido pela EC n. 20/98, tendo em vista que a Lei n. 9.876/99 pode ser tida como a linha divisória entre a concepção anterior (previdência distributiva) e o novo entendimento (previdência assinaladamente contributiva), a decisão de convalidar os recolhimentos contrários à lei devem retroagir até 29.11.99 e não apenas favorecer quem instruiu o pedido um pouco antes ou depois de 24.12.04.

Nestes casos, teoricamente (porque cada caso carece análise em particular), o segurado já teria dado a contribuição necessária para o custeio do benefício, sem representar prejuízo ao sistema. Não há porque não se aplicar a idealização da ON retroativamente, já que o simples ano normativo não é constituidor de direito ou obrigação e seus efeitos devem ser *ex tunc*.

## 168. Atuais inadimplentes

Hoje, a situação dos raros facultativos inadimplentes, isto é, que não recolheram as contribuições exigíveis — são apenas, em cada caso, as falhas de menos de sete meses — e, às portas da aposentadoria pretendem fazê-lo, merece detida reflexão.

Seguindo-se a linha de raciocínio que inspirou a ON SPS n. 5/04, ela autorizaria os segurados a pagarem por qualquer classe, desde a mínima até a máxima, inclusive com regressões e retornos.

Se o contribuinte tivesse preteritamente adotado essa postura pessoal, ela seria acolhida.

Até mesmo quitar 20% do período em atraso com aportes mínimos, já que desprezados no cálculo do salário-de-benefício *ex vi* da Lei n. 9.876/99.

## 169. Derrogação da lei

A despeito da inteligência e vontade do MPS, derrogar as Leis ns. 5.890/73 e 8.212/91 por uma simples instrução normativa não é próprio do Direito Intertemporal brasileiro. As conseqüências suscitam o primado constitucional da lei, vale dizer, a matéria deveria ser disciplinada por lei ordinária.

O viés da contributividade pode ser construído pela doutrina, acolhido lentamente pelo Judiciário Federal com os desdobramentos inevitáveis de sempre, as divergências de pontos de vista dos tribunais regionais até que consolidados ou sumulados daqui uns dez ou doze anos com o inevitável custo da injustiça que será praticada.

Esse aspecto da previdência social, impulsionado pela adoção do tipo de plano de contribuição definida, especialmente em relação às prestações programadas, pode avançar descontroladamente, fruto da subjetividade de doutrinadores e magistrados ou ser tecnicamente direcionado pela lei.

### 170. Recolhimento complementar

Diz o § 1º do art. 1º da ON SPS n. 5/04: "O disposto neste artigo não se aplica a recolhimentos complementares voluntários efetuados a partir da data de publicação desta Orientação Normativa".

A palavra "complementar" pressupõe algum pagamento, a ser entendido como principal, normal ou básico, vedada, então, apenas essa eventual suplementação, com o que *ab initio* não se concorda. Não há diferença ontológica entre quem recorreu com correção científica e *contra legem* (uma lei inadequada) e quem o faz hodiernamente, se com os acréscimos legais.

Por outro lado, até em razão do silêncio dispositivo, *a contrario sensu*, não obstaria os recolhimentos usuais (ou seja, de quem nada aportou), tese agora também defendida.

A disposição normativa combatida choca-se com a contributividade previdenciária que a ON traduz e com o seu espírito, que é o de acolher quaisquer valores, dentro do mínimo e do máximo, vez que eles não interfeririam significativamente na aferição dos benefícios.

Se alguém pagou numa classe inferior e depois de 24.12.04 deseja implementar mais algumas classes, isso deveria ser autorizado, esse é o espírito da Orientação Normativa da SPS.

# CAPÍTULO XVII

## SITUAÇÕES PARTICULARES

Historicamente, em um ou outro momento, o legislador ou administrador, mais este último do que aquele, mediante várias fontes formais, entenderam de permitir que se filiasse ao RGPS, ainda que trabalhando remuneradamente, numa relação idêntica ou assemelhada a do antigo contribuinte em dobro e até mesmo do autônomo ou empresário.

Em alguns casos, tratando-o como um facultativo obrigatório (*sic*); noutros, permitindo a acumulação das duas condições, *status* que hoje desfruta o segurado especial do art. 12, VII, do PCSS.

### 171. Atleta profissional

Por intermédio de teses apresentadas em congressos e artigos publicados, no passado propugnamos por dever a lei atribuir uma obrigação das empresas que promoviam demissões econômicas, *sponte propria* de pagarem a contribuição dúplice dos trabalhadores demitidos por certo tempo ou até eles conseguirem emprego ou meios de subsistência. A sugestão, nunca aprovada genericamente por via de lei ordinária, continua válida até hoje.

A Lei n. 6.269/75 tratou do esportista, especialmente de futebol (art. 5º, III, *c*). Ela criou um Fundo de Assistência ao Atleta Profissional — FAAP e um Conselho de Administração do Fundo de Assistência ao Atleta Profissional — CA/FAAP (art. 2º do Decreto n. 77.774/75). Previa um auxílio financeiro para esses esportistas, caso eles perdessem a condição de praticantes do esporte, permitindo aos mesmos contribuir em dobro durante seis meses, preservando a qualidade de segurado até reorganizarem-se profissional e previdenciariamente.

Segundo o art. 4º da Resolução CA/FAAP n. 20/84, isso era válido para quem "I — tenha encerado suas atividades desportivas; II — tenha assumido o compromisso de cumprir as diretrizes fixadas pela respectiva instituição, com vistas à sua adaptação a nova profissão" ("Contribuição em Dobro para o Atleta Profissional Desempregado", *in* Supl. Trab. LTr n. 114/84).

## 172. Diplomata no exterior

Às vezes, os diplomatas são requisitados para prestarem serviços em organismos oficiais internacionais, ainda que mantendo vínculo com o Ministério das Relações Exteriores, mas temporariamente remunerados por essas entidades não nacionais, normalmente fora do País.

No passado, era quase impossível o desconto da contribuição por parte da União e mais ainda difícil exigi-las dessas entidades internacionais, por indefinição jurídica e fiscal das responsabilidades.

Mediante a Portaria SPS n. 8/87, o MPS resolveu autorizá-los a cotizar, calculada a contribuição sobre um certo salário-base. Nos termos do seu subitem 17.2.1: "como se estivessem servindo na Secretaria de Estado das Relações Exteriores devendo o mesmo, mensalmente, remeter o valor correspondente a essa contribuição à referida Secretaria, à qual incumbirá o respectivo controle e recolhimento ao IAPAS, dentro do prazo legal, no mês seguinte àquele a que o encargo se referir" ("Diplomata, o novo contribuinte em dobro", in Supl. Trab. LTr n. 70/87).

## 173. Empregador rural

A partir de 1º.1.76, iniciando os primórdios da implantação da filiação do empregador rural, a Lei n. 6.260/75 o tornou segurado obrigatório, ora de um regime rural (art. 1º) ora do urbano do INPS (art. 10), abrindo algumas exceções.

Esse empresário, desde a Lei n. 9.876/99 um contribuinte individual, era definido como "a pessoa física, proprietário ou não, que, em estabelecimento rural ou prédio rústico, explore, com o concurso de empregados, em caráter permanente, diretamente ou através de prepostos, atividade agroeconômica, assim entendidas as atividades agrícola, pastoris, hortigranjeiras ou a indústria rural, bem como a extração de produtos primários, vegetais ou animais" (Lei n. 6.260/75, art. 1º, § 1º).

No dizer do art. 8º da Lei n. 6.260/75: "O empregador rural que perder essa qualidade e não estiver obrigado a ingressar em outro regime de previdência social poderá permanecer filiado ao FUNRURAL mediante o continuado pagamento da contribuição anual, prevalecendo, para tanto, o valor da última que haja recolhido, que não poderá ser inferior à contribuição mínima de que tratam o artigo 5º e seu parágrafo único".

Essa lei foi regulamentada pelo Decreto n. 77.514/76, cuja contribuição facultativa foi mais bem explicada em seu art. 8º.

Mais tarde, a matéria foi disciplinada no art. 285 do RBPS: "Quem deixa de ser empregador rural e não está sujeito a outro regime de previdência social mantém a qualidade de segurado se continuar a recolher, sem interrupção, a sua contribuição anual. Parágrafo único: o exercício da faculdade de continuar a contribuir na forma deste artigo independe de autorização da previdência social, porém a falta de iniciativa do segurado empregado rural acarreta a perda automática dessa condição no primeiro dia seguinte àquele em que a contribuição não foi recolhida".

Nos termos da Circular INPS 601.005.0 n. 79/82, os segurados facultativos (sic) e os contribuintes em dobro foram autorizados a optarem pelo regime do empregador rural da Lei n. 6.260/75, "tendo em vista que os mesmos não são segurados obrigatórios da previdência social" (item 4, a, da Ordem de Serviço INPS/SB n. 055.3/79).

## 174. Juiz temporário

No passado, lembrando um pouco o atual autopatrocinado da previdência complementar, alguns trabalhadores foram autorizados a recolher como facultativos, a despeito da acumulação da condição de segurados obrigatórios que pudessem desfrutar. Dizia: "é aplicável aos delegados classistas, exercentes de cargos na Justiça do Trabalho ou em outros órgãos de deliberação coletiva o que preceitua o Dec. n. 788, de 26.3.62, do então Conselho de Ministros. Por haverem deixado de exercer atividade sujeita ao regime da Lei n. 3.807, de 26.8.60, é facultado contribuir em dobro, na forma do art. 9º, do citado diploma legal, se o disposto no Dec. n. 788/62 for inexequível na esfera orçamentária do órgão a que servir" (Resolução CD/DNPS n. 556/65).

Conforme alteração promovida pela Portaria SPS n. 3/80: "a faculdade de contribuir em dobro aplica-se também aos membros classistas da Justiça do Trabalho, cuja contribuição em dobro incidente sobre a remuneração que perceberem pelo exercício do cargo de Juiz independe da contribuição normal que continuem recolhendo em decorrência da remuneração eventualmente mantida pela empresa a que pertençam, observado o limite máximo" (subitem 29.3 da Portaria SPS n. 2/79, com redação da Portaria n. 3/80).

De acordo com a Resolução CD/DNPS n. 556/65, os vogais deviam contribuir em dobro.

## 175. Representantes classistas

As pessoas que passam a fazer parte de órgãos colegiados, paritários ou não, representativos de categorias profissionais ou patronais, são afastados de sua origem e continuam ou não recebendo remuneração, e da mesma forma, são retribuídos pelos órgãos colegiados, geralmente mediante *jeton*, *pro labore*, gratificação de presença ou sessão, etc.

Esses organismos, geralmente classistas, podem ser sindicais ou de exercício profissional (conselhos ou ordens e, ainda, serem jurisdicionais administrativos — JRPS, CRPS, etc.). Já os designamos como equiparados a empregador ("O Salário-Base na Previdência Social", São Paulo: LTr, 1986, pp. 71/74).

Segundo a Resolução CD/DNPS n. 556/65 (*in* Proc. MTPS n. 33/65), os representantes classistas sindicais afastados das empresas foram autorizados a contribuir em dobro.

Consoante a Resolução CD/DNPS n. 24/68, isso ocorria até mesmo independentemente do que ganhassem na empresa (*in* Proc. MTPS n. 151.430/67).

## 176. Economiários facultativos

Enquanto existiu o Serviço de Assistência e Seguro Social dos Economiários (SASSE), criado pela Lei n. 3.149/57, puderam ser admitidos "como associados facultativos do SASSE os diretores do Conselho Superior e das Caixas Econômicas Federais, bem com funcionários das Caixas Econômicas Estaduais, independentemente dos requisitos de idade e de inspeção de saúde, desde que fiquem sujeitos ao período de carência de 5 (cinco) anos, para efeitos de benefícios e aposentadoria e pensões" (art. 3º).

A Lei n. 4.528/64 acresceu: "Os servidores que foram admitidos pelos Conselhos Superiores e Caixas Econômicas Federais com idade superior a 36 (trinta e seis) anos, até a data de 26 de julho de 1964, poderão ser inscritos como associados facultativos do Serviço de Assistência e Seguro Social dos Economiários, desde que fiquem sujeitos a um período de carência de 5 (cinco) anos, para efeitos de benefícios e aposentadoria e pensão". O art. 2º fixava a contribuição desses facultativos, que variava de 1% a 4%.

Particularmente, então, tratando verdadeiramente de um facultativo, dizia o art. 6º: "O associado obrigatório ou facultativo que perder o emprego, for suspenso de suas funções ou se licenciar para tratamento de interesses particulares somente poderá continuar a contribuir para o SASSE com direito aos benefícios e vantagens pelo mesmo concedido, se pagar a contribuição de segurado e mais a que seria devida pela Instituição a que estava vinculado".

O servidor das Caixas Econômicas Estaduais, bem com o das Associações de Classe que congregassem exclusivamente caixas econômicas, eram inscritos no SASSE, bem como o associado facultativo, desde que o requeresse num prazo de 30 (trinta) dias a contar da lei ou da admissão na entidade empregadora, provasse ter menos de 36 (trinta e seis) anos de idade na data de sua admissão, recolhesse as correspondentes contribuições e houvesse sido julgado apto em exame médico procedido pelo mesmo serviço.

O SASSE foi extinto pela Lei n. 6.430/77. Esta lei não tratou especificamente do facultativo, mas o disposto no art. 3º dizia que o servidor das Caixas Econômicas Estaduais que, na data da lei não estivesse sujeito a regime próprio de previdência social, passasse a filiar-se obrigatoriamente ao INPS.

O Decreto n. 80.012/77, que a regulamentou, também silenciou a respeito, mas a Ordem de Serviço INPS/SSS n. 052.40/77 dispôs amplamente dizendo que "os servidores e diretores da Caixa Econômica Federal bem com os servidores das Associações dos Servidores da Caixa Econômica, passaram a "condição de segurados obrigatórios do INPS, garantido o cômputo do tempo de filiação àquela autarquia para todos os fins neste Instituto, inclusive período de carência".

### 177. Rurícola urbano

A legislação previdenciária do domínio rural, desde o seu nascedouro, abrigou dezenas de categorias de trabalhadores rurais exercentes de atividades rurais, não necessariamente no amanho da terra que, por diferentes formas, desde leis até simples circulares da Previdência Social, foram excluídas do regime rural e entronizadas no regime urbano. O longo processo iniciou-se com a Lei n. 1.824/53, que tratou do tratorista rural e vigeu até 31.10.91, com o advento do PBPS.

A ON IAPAS/SAF n. 299.63/73 apresentou os Anexos I/II, de vinculação e auxiliar, em que listadas as principais profissões, ocupações e cargos. Estes trabalhadores, excepcionalmente filiados ao regime urbano, deixando de exercer atividade rurícola que os filiava obrigatoriamente, podiam manter-se no INPS pela da filiação voluntária.

### 178. Eclesiástico antes de 1979

Até que a Lei n. 6.696/79 o tornasse um contribuinte obrigatório (7.10.69), o eclesiástico era segurado facultativo. Em virtude do contido no Proc. MTPS n. 109.363/71, publicado no Boletim de Serviço do INPS em 29.1.73, em que foi considerado compulsório, decidiu-se que não deveria ser, mas "quem, por força de decisão administrativa vinha contribuindo como segurado obrigatório deveria ter passado a fazê-lo sem qualquer prejuízo na condição de facultativo, a contar de fevereiro de 1973, independentemente do requerimento de inscrição".

Até agosto de 1973, o seu salário-de-contribuição era o salário-base. Depois, passou a depender do tempo de filiação (itens 21/23 da Portaria SPS n. 2/79). Com obrigatoriedade, em 1979 seguiu o regime contributivo do salário-base até 31.3.03.

### 179. Conselho Fiscal do INPS

Até 31.8.77, por força da Lei n. 6.439/77, criadora do SINPAS, o órgão gestor do regime urbano de previdência social era o INPS. Entre os seus organismos colegiados situava-se o Conselho Fiscal, constituído de oito membros estranhos ao quadro de servidores da autarquia. Ele foi extinto pelo item 25 da Portaria MTPS n. 934/78, assumindo seus componentes a função de representantes das empresas e dos segurados na 6ª Turma do CRPS (item 27).

Se especificar em qual categoria de segurado, o Decreto n. 77.077/76 dizia que o "membro do Conselho Fiscal é considerado contribuinte obrigatório do INPS" (CLPS, art. 198, § 3º) e "permitida, ao término do mandato, a manutenção da qualidade de segurado, na forma do art. 11".

De plano resultava que, afastado dessa função, o representante classista só podia continuar como dobrista se não fosse filiado ao regime da CLPS. Entendeu-se também aplicável a essa pessoa o direito de, quando arredado da composição da 6ª Turma do CRPS, manter-se filiado ao regime urbano mediante a dúplice contribuição.

## 180. Programa do estudante

A partir de 25.7.82, o estudante, até então sem qualquer seguro social, passou a ser protegido pela Previdência como facultativo de um regime especialíssimo (art. 3º da Lei n. 7.004/82), numa iniciativa possivelmente pioneira em todo o mundo, mas que não prosperou e foi extinta em 1991 (PBPS, art. 137).

Dentro da facultatividade desse Programa de Previdência Social aos Estudantes, o art. 3º, § 1º previa um facultativo: "O segurado-estudante poderá manter esta qualidade por um período de 12 (doze) meses após a conclusão dos cursos a que se refere o artigo anterior, desde que permaneça em dia com o recolhimento de suas contribuições".

CAPÍTULO XVIII

## GUIA DE RECOLHIMENTO

A despeito de o banco de dados da DATAPREV possuir registros mensais dos recolhimentos dos contribuintes individuais, muitos dos quais desde 1975 quando apareceram os carnês de pagamentos, é importante que o facultativo cuide dos seus carnês com muita atenção, siga todas as instruções do INSS, preencha os campos corretamente e, sempre que possível, consulte aqueles registros, verificando a regularidade dos recolhimentos.

O segurado deve procurar o Posto da Previdência Social sempre que houver dúvida ou se equivocar em algum dado das folhas do carnê.

### 181. Instruções para preenchimento

Para quem não dispõe dos recursos da informática, a guia de recolhimento do segurado facultativo (e também a dos contribuintes individuais) é constituída de um carnê de pagamento, com capa, contracapa e doze folhas internas, em duas vias, separadas por um papel carbono (no formato 185 por 110 mm).

A primeira folha ficará encadernada com o contribuinte e a segunda destina-se ao agente arrecadador.

Certas gráficas imprimem úteis instruções no verso das folhas e os códigos de recolhimento no verso da última folha.

### 182. Descrição das capas

Na capa, geralmente, comparece escrito Ministério da Previdência Social, seguido da designação Instituto Nacional do Seguro Social — INSS. Depois, em letras garrafais GPS — Guia da Previdência Social.

Abaixo há espaço para o nome do segurado e mais embaixo um quadro para endereço, telefone, CEP, cidade e Estado. Do lado direito, o ano-base. É preferível se utilizar um carnê para cada ano, mesmo se o número de meses for inferior a 12 e numerar os carnês, colocando-os na ordem: 1º, 2º, 3º, etc.

### 183. Papel da contracapa

A contracapa é maior para que o contribuinte possa separar o preenchimento de um mês do outro e, assim, não passe as informações de uma folha para as folhas seguintes (devido ao papel carbono).

### 184. Recomendações úteis

Na contracapa existem indicações quanto a preservação do documento. Uma delas é: "Atenção. Não dobre este carnê, conserve-o. No caso de extravio, dirija-se a qualquer agência ou posto do INSS, levando seu comprovante de inscrição. Mantenha em dia o recolhimento de suas contribuições para ter direito aos benefícios previdenciários".

### 185. Valor mínimo

A importância mínima a recolher é R$ 29,00 (Resolução INSS/DC n. 39/00). Precisando pagar valor inferior a esse, o segurado deve acumulá-lo nos próximos meses até que a soma atinja esses R$ 29,00 ou mais, fazendo referência ao fato no campo 4.

O código de recolhimento é o mesmo e os acréscimos contam-se do mês em que o total dos montantes inferiores atinja os R$ 29,00 (art. 490 da IN n. 3/05).

### 186. Quitação eletrônica

O pagamento de contribuição poderá ser efetuado por GPS eletrônica, pelo débito em conta corrente, por meio de aplicativos eletrônicos disponibilizados pelos bancos. O segurado deverá fazer a digitação dos campos obrigatórios (art. 500, II, da IN n. 3/05).

### 187. Orientação do carnê

O verso das folhas do carnê apresenta indicações sobre o seu preenchimento; na dúvida, elas devem ser consultadas.

O contribuinte deve tomar cuidado para não se equivocar com o seu NIT. Se se der conta de que isso sucedeu, carecerá procurar a Agência do INSS.

Embora sejam pequenos os espaços é interessante fazer observações possíveis, que possam justificar recolhimentos distintos, especialmente a base de cálculo da contribuição, utilizando os campos 7/8 (normalmente deixados em branco).

### 188. Confirmação do pagamento

Via internet é possível consultar os recolhimentos no endereço **www.previdencia.gov.br**, depois de obtida a senha, ou diretamente na Unidade de Arrecadação da Receita Previdenciária (UARP), conforme o art. 505 da IN n. 3/05.

### 189. Campos das folhas

Os campos das folhas a serem preenchidos são os seguintes:

Campo 1 — **Nome ou razão social/Fone/Endereço** — Escreva o nome completo do contribuinte (a expressão "razão social" é para empresas), de preferência em letras de forma, apontando o seu endereço e, depois o número do telefone, assinalando o código da região.

Campo 2 — **Vencimento** — É para ser deixado em branco, não ser preenchido.

Campo 3 — **Código do Pagamento** — Número 1.406, se mensal ou 1.457, caso trimestral. Existem outros códigos, para contribuintes individuais ou domésticos.

Campo 4 — **Mês de competência** — O mês, escrito em dois dígitos e o ano, em quatro dígitos. Exemplo: 03/2006.

Quando se tratar de recolhimento trimestral, deverão ser indicados o último mês do respectivo trimestre civil e o ano a que se referir, independentemente de serem uma, duas ou três competências.

Escrevendo: I — **zero três**, correspondente à competência março, para o trimestre civil compreendendo os meses de janeiro, fevereiro e março; II — **zero seis**, correspondente à competência junho, para o trimestre civil compreendendo os meses de abril, maio e junho; III — **zero nove**, correspondente à competência setembro, para o trimestre civil compreendendo os meses de julho, agosto e setembro; IV — **zero doze**, correspondente à competência dezembro, para o trimestre civil compreendendo os meses de outubro, novembro e dezembro (art. 489, § 1º, da IN n. 3/05).

Campo 5 — **Identificador** — Número do NIT ou PIS/PASEP do contribuinte.

Campo 6 — **Valor do INSS** — Quantia da contribuição.

Campo 9 — **Valor de outras entidades** — Deixar em branco.

Campo 10 — **Atualização monetária, multa e juros** — Montante devido a título de atualização monetária e acréscimos legais, quando de recolhimentos atrasados.

Diz o art. 489, § 4º, da IN n. 3/05: "No recolhimento de contribuições em atraso, incidirão os juros e a multa de mora a partir do primeiro dia útil subseqüente ao do vencimento do trimestre civil".

Campo 11 — **Total** — Total dos valores da GPS se existirem acréscimos legais ou apenas repetir o *quantum* do INSS (campo 6).

## 190. Provas da quitação

Tendo em vista que o facultativo expressa o desejo de se filiar (ingressar no RGPS) por intermédio da inscrição e da contribuição (mais por esta última do que pela primeira providência, já que sem ela não se aperfeiçoa), e tendo em mira que ele não exerce serviços profissionais ou econômicos ou, se o faz é atividade não filiável, a prova de sua inação é difícil ou impossível, devendo ser presumida pelo INSS.

No âmbito da iniciativa privada, quando ele se filia pressupõe-se que esteja desempregado ou que nunca se empregou, sempre situações que implicam em circunstâncias negativas e estes cenários não comportam persuasão. Se a seguradora disso duvida, ela tem o ônus de fazer a prova em contrário.

A demonstração da existência dessa relação jurídica de previdência social é possível e realizável, cabendo-lhe avultar a efetividade da inscrição e dos recolhimentos, por todos os meios de prova existentes em Direito.

Daí a enorme importância de guardar com muito cuidado os carnês mensais de pagamento, a despeito dos registros internos da Previdência Social.

ANEXO

# PROJETO DE LEI SOBRE A CONTRIBUIÇÃO DO FACULTATIVO

PARECER SOBRE O PROJETO DE LEI DE CONVERSÃO Nº 15, DE 2005.
(MEDIDA PROVISÓRIA N. 242, de 24 DE MARÇO DE 2005)

O PLV n. 15 de 2005 estabelece condições para implementar medidas de racionalização na concessão de benefícios, combater fraudes e irregularidades contra a Previdência Social e equalizar regras que requerem base legal, de modo a aumentar a inclusão de cidadãos à condição de segurado da Previdência Social.

I — RELATÓRIO

A Medida Provisória n. 242, de 24 de março de 2005, modificada pelo Projeto de Lei de Conversão n. 15, de 2005, tem por objetivo assegurar base legal para melhor combater as fraudes e irregularidades que, se não forem contidas, colocam em risco o equilíbrio do sistema e as garantias dos direitos previdenciários das futuras gerações.

Outro objetivo relevante da Medida Provisória em tela é enfrentar o fato de que milhões de trabalhadores não têm direito à cobertura da Previdência Social. A Medida Provisória cria regras que facilitam o ingresso do trabalhador autônomo ao sistema da Previdência Social por meio da opção da redução da alíquota sobre o salário-de-contribuição de 20% para 11%, para o segurado contribuinte individual que trabalhe por conta própria e para o segurado facultativo.

Os principais elementos integrantes do PLV n. 15 de 2005 são listados a seguir:

"**Art. 1º** Cria a opção da alíquota de 11% sobre o valor correspondente ao limite mínimo mensal do salário-de-contribuição para o contribuinte individual que trabalhe por conta própria. Neste caso, prevê que para a obtenção de aposentadoria por tempo de serviço o segurado deverá complementar a contribuição mediante o recolhimento de mais 9%.

Estabelece para os Cartórios de Registro Civil a necessidade de comunicação na época própria referente a óbitos de segurados, aplicando a penalidade por óbito não informado ou informado com inexatidão. Institui que o Cartório de Registro Civil responde, subsidiariamente, com o beneficiário pelo ressarcimento de benefícios pagos indevidamente em razão da falta ou inexatidão de comunicação de óbito.

Art. 2º Institui que cabe à empresa enviar à Previdência Social, até o dia da contratação, os dados de identificação do trabalhador, a respectiva norma para este procedimento e institui multa se houver ocorrência de acidente de qualquer natureza com o empregado cuja contratação não tenha sido informada à Previdência Social.

Estabelece que a renda mensal do auxílio-doença não poderá exceder a média aritmética simples dos 12 (doze) últimos salários-de-contribuição.

Impede que o beneficiário condenado por crime que resulte na morte do segurado tenha direito à pensão.

Assegura à Previdência Social meios de recuperar recursos originados de atos comprovadamente fraudulentos, mesmo após o prazo decadencial de 10 anos.

Art. 3º Obriga o INSS a revisar, de ofício, os benefícios concedidos e os pedidos indeferidos de acordo com a Medida Provisória n. 242 de 24 de março de 2005, de modo a ajustá-los ao disposto na forma deste PLV."

## II — ANÁLISE

Desde o ano de 2001 a concessão do Auxílio-doença praticamente dobrou, sem qualquer relação com os indicadores demográficos e de saúde do país, e os valores quase quadruplicaram, passando de 2,5 bilhões de reais para mais de 9 bilhões de reais.

O aumento referente ao auxílio-doença, tanto na quantidade de benefícios concedidos quanto no valor dos mesmos, é uma distorção não correlacionada com o aumento demográfico ou com as condições de saúde do povo brasileiro.

É importante notar que este aumento explosivo se deu a partir de 2001, quando os peritos do INSS não tiveram mais como atribuição fazer a homologação dos laudos médicos emitidos pelos médicos credenciados.

Neste sentido, foi oportuna a edição da Lei n. 10.876 de 2004, pelo Congresso Nacional, que criou a carreira de perito médico da previdência social, bem como a portaria do Ministério da Previdência Social, de 16.6.2005, dando posse aos novos concursados. Este é um caminho importante que está sendo trilhado.

Mas há brechas no texto legal que precisam ser sanadas para impedir a percepção do benefício fora do propósito legalmente estabelecido.

A concepção do auxílio-doença é a de um direito para o atual momento da vida do trabalhador. Não é um benefício perene. É justo que os diversos tipos de aposentadoria e pensões sejam regidos pela história contributiva do trabalhador e que o auxílio-doença guarde relação com a realidade atual do trabalhador.

Por outro lado, é amplamente reconhecido o grave problema social representado pelos cerca de 18 milhões de brasileiros que trabalham na informalidade sem contribuir para a Previdência Social. O mérito da redução da alíquota do contribuinte individual para 11% é inquestionável.

A Exposição de Motivos n. 7/2005 justifica o uso da Medida Provisória para que, prontamente, sejam asseguradas à Previdência Social condições para implementar medidas de racionalização na concessão de benefícios e para combater as fraudes e irregularidades.

Em que pese o seu evidente mérito, os pressupostos de urgência e relevância da Medida Provisória n. 242 foram questionados pelo Supremo Tribunal Federal, na concessão de Medida Cautelar às ações diretas de inconstitucionalidade, suspendendo os seus efeitos. Em conseqüência, para evitar eventuais novos questionamentos na Justiça, propõe-se rejeitar o PLV n. 15, dela originado.

No entanto, dado o mérito da matéria é necessário discuti-la com profundidade no âmbito do Congresso Nacional visando equacionar os problemas relacionados com racionalização na concessão de benefícios, o combate às fraudes e irregularidades contra a Previdência e a inclusão de cidadãos hoje fora do regime de Previdência Social.

### III — VOTO

Em vista do exposto, recomendamos a rejeição da Medida Provisória n. 242 por não atender os pressupostos de relevância e urgência. Nesta mesma oportunidade submetemos à apreciação dos nobres pares o seguinte projeto de lei que preserva o mérito da matéria.

**PROJETO DE LEI DO SENADO N. , DE 2005**

Altera dispositivos das Leis n. 8.212 e n. 8.213, ambas de 24 de julho de 1991, e dá outras providências.

O CONGRESSO NACIONAL decreta:

**Art. 1º** A Lei n. 8.212, de 24 de julho de 1991, passa a vigorar com as seguintes alterações:

"Art. 21............................

§ 2º É de 11% (onze por cento) sobre o valor correspondente ao limite mínimo mensal do salário-de-contribuição a alíquota de contribuição do segurado contribuinte individual que trabalhe por conta própria, sem relação de trabalho com empresa ou equiparado, e do segurado facultativo que optarem pela exclusão do direito ao benefício de aposentadoria por tempo de contribuição.

§ 3º O segurado que tenha contribuído na forma do § 2º deste artigo e pretenda contar o tempo de contribuição correspondente para fins de obtenção da aposentadoria por tempo de contribuição ou da contagem recíproca do tempo de contribuição a que se refere o art. 94 da Lei n. 8.213, de 24 de julho de 1991, ou para a concessão das prestações decorrentes de acordos internacionais deverá complementar a contribuição mensal mediante o recolhimento de mais 9% (nove por cento), acrescido dos juros moratórios de que trata o disposto no art. 34 desta Lei."(NR)

"Art. 45.............................

§ 2º Para apuração e constituição dos créditos a que se refere o § 1º deste artigo, a Seguridade Social utilizará como base de incidência o valor da média aritmética simples dos maiores salários-de-contribuição, reajustados, correspondentes a 80% (oitenta por cento) de todo o período contributivo decorrido desde a competência julho de 1994.

..........................................

§ 4º Sobre os valores apurados na forma dos §§ 2º e 3º deste artigo incidirão juros moratórios de 0,5% (zero vírgula cinco por cento) ao mês, limitados ao percentual máximo de 50% (cinqüenta por cento), e multa de 10% (dez por cento).

........................."(NR)

"Art. 68.............................

§ 2º A falta de comunicação na época própria, bem como o envio de informações inexatas, sujeitará o titular de Cartório de Registro Civil de Pessoas Naturais à penalidade prevista no art. 92 desta Lei, aplicada por óbito não informado ou informado com inexatidão.

..........................................

§ 5º O titular de Cartório de Registro Civil de Pessoas Naturais responderá, subsidiariamente, com o beneficiário, perante o Regime Geral de Previdência Social — RGPS, pelo ressarcimento dos benefícios pagos indevidamente em razão da falta ou inexatidão de comunicação do óbito do segurado, especialmente quanto ao ressarcimento dos valores pagos."(NR)

**Art. 2º** A Lei n. 8.213, de 24 de julho de 1991, passa a vigorar com as seguintes alterações:

"Art. 9º.............................

§ 1º O Regime Geral de Previdência Social — RGPS garante a cobertura de todas as situações expressas no art. 1º desta Lei, exceto as de desemprego involuntário, objeto de lei específica, e de aposentadoria por tempo de contribuição para o trabalhador de que trata o § 2º do art. 21 da Lei n. 8.212, de 24 de julho de 1991.

.................................... "(NR)

"Art. 18............................

§ 3º O segurado contribuinte individual que trabalha por conta própria, sem relação de trabalho com empresa ou equiparado, e o segurado facultativo que contribuem na forma do § 2º do art. 21 da Lei n. 8.212, de 24 de julho de 1991, não farão jus à aposentadoria por tempo de contribuição."(NR)

"Art. 23-A. Caberá à empresa enviar à Previdência Social, até o dia da contratação, na forma a ser disciplinada pelo Ministério da Previdência Social, o nome completo do trabalhador que pretende contratar como empregado, além de 1 (um) dos seguintes elementos a ele correspondentes:

I — o Número de Inscrição do Trabalhador — NIT;

II — o número da Carteira de Trabalho e Previdência Social — CTPS;

III — o número da identidade e do respectivo órgão emissor;

IV — o número do Cadastro de Pessoa Física — CPF;

V — a data de nascimento e o nome da mãe.

§ 1º Ocorrendo acidente de qualquer natureza ou causa com empregado cuja contratação não tenha sido informada à Previdência Social na forma do *caput* deste artigo ou que não conste de documento de apresentação obrigatória entregue ao órgão competente, na forma do § 2º deste artigo, fica a empresa sujeita ao pagamento de multa equivalente a até 48 (quarenta e oito) vezes a remuneração mensal do empregado correspondente ao mês do acidente, limitada ao limite máximo do salário-de-contribuição, na forma a ser disciplinada pelo Ministério da Previdência Social.

§ 2º A multa de que trata o § 1º deste artigo será aplicada da seguinte forma:

I — até 12 (doze) vezes a remuneração mensal, no 1º (primeiro) ano de vigência deste artigo;

II — até 24 (vinte quatro) vezes, no 2º (segundo) ano;

III — até 36 (trinta e seis) vezes, no 3º (terceiro) ano; e

IV — até 48 (quarenta e oito) vezes, a partir do 4º (quarto) ano.

§ 3º O disposto no § 1º deste artigo não se aplica ao acidente que ocorrer em data posterior à da efetiva entrega, por parte da empresa, da Guia de Recolhimento do Fundo de Garantia do Tempo de Serviço e de Informações à Previdência Social — GFIP ou do Cadastro Geral de Empregados e Desempregados — CAGED, em que o nome do trabalhador acidentado esteja consignado como empregado.

§ 4º A informação de que trata o *caput* deste artigo deverá ser enviada por meio eletrônico e, excepcionalmente, por outra forma disciplinada pelo Ministério da Previdência Social.

§ 5º O disposto neste artigo não prejudica a aplicação do art. 120 desta Lei."

"Art. 26. Não se aplica o disposto no inciso II ao segurado que optar por contribuir na forma do § 2º do art. 21 da Lei n. 8.212, de 1991, aplicando-se, na hipótese, a carência prevista no inciso I do art. 25."

"Art. 29....................

§ 10. A renda mensal do auxílio-doença não poderá exceder a média aritmética simples dos 12 (doze) últimos salários-de-contribuição, inclusive no caso de remuneração variável, ou, se não alcançado o número de 12 (doze), a média aritmética simples dos salários-de-contribuição existentes."(NR)

"Art. 55....................

§ 4º Não será computado como tempo de contribuição, para efeito de concessão do benefício de que trata esta Subseção, o período em que o segurado contribuinte individual ou facultativo tiver contribuído na forma do § 2º do art. 21 da Lei n. 8.212, de 24 de julho de 1991, salvo se tiver complementado as contribuições na forma do § 3º do citado artigo."(NR)

"Art. 74....................

Parágrafo único. Não fará jus à pensão o beneficiário condenado, com trânsito em julgado, por prática de crime doloso de que tenha resultado a morte do segurado."(NR)

"Art. 103-A. O direito de a Previdência Social anular os atos administrativos de que decorram efeitos favoráveis para os seus beneficiários decai em 10 (dez) anos, contados da data em que foram praticados, exceto nos casos de fraude ou comprovada má-fé do beneficiário, hipóteses em que o referido prazo será contado a partir do conhecimento do fato pela Previdência Social.

....................

§ 2º Qualquer medida de autoridade administrativa que importe impugnação à validade do ato considera-se exercício do direito de anular e suspende, de imediato, o decurso do prazo decadencial.

§ 3º A partir da impugnação da validade do ato administrativo, a Previdência Social terá o prazo de 3 (três) anos para decidir sobre sua manutenção ou revisão.

§ 4º A percepção cumulativa de benefícios vedada por lei acarretará a penalização do beneficiário, na forma da lei."(NR)

**Art. 3º** O Instituto Nacional do Seguro Social fica obrigado a revisar, de ofício, os benefícios concedidos e os pedidos indeferidos de acordo com a Medida Provisória n. 242, de 24 de março de 2005, de modo a ajustá-los ao disposto nesta Lei.

**Art. 4º** O parágrafo único do art. 21 da Lei n. 8.212, de 24 de julho 1991, passa a vigorar como § 1º.

**Art. 5º** Esta Lei entra em vigor na data de sua publicação, exceto quanto ao art. 23-A da Lei n. 8.213, de 24 de julho de 1991, que entrará em vigor 60 (sessenta) dias após a sua publicação.

Sala das Sessões, 20 de julho de 2005.

Senador Aloizio Mercadante, Relator.

# OBRAS DO AUTOR

*O Empresário e a Previdência Social*, São Paulo: LTr, 1978.

*Rubricas Integrantes e Não Integrantes do Salário-de-Contribuição*, São Paulo: LTr, 1978.

*Benefícios Previdenciários do Trabalhador Rural*, São Paulo: LTr, 1984.

*O Contribuinte em Dobro e a Previdência Social*, São Paulo: LTr, 1984.

*O Trabalhador Rural e a Previdência Social*, 2. ed., São Paulo: LTr, 1985.

*Legislação da Previdência Social Rural*, 2. ed., São Paulo: LTr, 1986.

*O Salário-Base na Previdência Social*, São Paulo: LTr, 1986.

*Legislação da Previdência Social*, 5. ed., São Paulo: LTr, 1988.

*A Seguridade Social na Constituição Social Federal*, 2. ed., São Paulo: LTr, 1992.

*Subsídio para um modelo de Previdência Social*, São Paulo: LTr, 1992.

*O Salário-de-Contribuição na Lei Básica da Previdência Social*, São Paulo: LTr, 1993.

*Propostas de Mudanças na Seguridade Social*, São Paulo: LTr, 1996.

*Primeiras Lições de Previdência Complementar*, São Paulo: LTr, 1996.

*Legislação da Seguridade Social*, 7. ed., São Paulo: LTr, 1996.

*Obrigações Previdenciárias na Construção Civil*, São Paulo: LTr, 1996.

*Direito dos Idosos*, São Paulo: LTr, 1997.

*Novas Contribuições na Seguridade Social*, São Paulo: LTr, 1997.

*Curso de Direito Previdenciário*, Tomo III, São Paulo: LTr, 1998.

*O Salário-Base dos Contribuintes Individuais*, São Paulo: LTr, 1999.

*Reforma da Previdência Social*, São Paulo: LTr, 1999.

*Estatuto dos Servidores Públicos Civis da União*, 2. ed., São Paulo: LTr, 2000.

*Obrigações Previdenciárias do Contribuinte Individual*, São Paulo: LTr, 2000.

*Aposentadoria Especial*, 3. ed., São Paulo: LTr, 2000.

Os Crimes Previdenciários no Código Penal, São Paulo: LTr, 2001.

Fator Previdenciário em 420 Perguntas e Respostas, 2. ed., São Paulo: LTr, 2001.

Pareceres Selecionados de Previdência Complementar, São Paulo: LTr, 2001.

Princípios de Direito Previdenciário, 4. ed., São Paulo: LTr, 2001.

Curso de Direito Previdenciário, Tomo IV, 2. ed., São Paulo: LTr, 2002.

Prova de Tempo de Serviço, 3 ed., São Paulo: LTr, 2002.

Seguro-Desemprego em 620 Perguntas e Respostas, 3 ed., São Paulo: LTr, 2002.

Comentários à Lei Básica da Previdência Social, Tomo I, 4. ed., São Paulo: LTr, 2003.

Comentários à Lei Básica da Previdência Social, Tomo II, 6. ed., São Paulo: LTr, 2003.

Curso de Direito Previdenciário, Tomo II, 2. ed., São Paulo: LTr, 2003.

Direito Adquirido na Previdência Social, 2. ed., São Paulo: LTr, 2003.

PPP na Aposentadoria Especial, 2. ed., São Paulo: LTr, 2003.

Retenção Previdenciária do Contribuinte Individual, São Paulo: LTr, 2003.

Comentários à Lei Básica da Previdência Complementar, São Paulo: LTr, 2003.

Parecer Jurídico - como solicitá-lo e elaborá-lo, São Paulo: LTr, 2003.

Reforma da Previdência dos Servidores, São Paulo: LTr, 2004.

Aposentadoria Especial em 720 Perguntas e Respostas, 4. ed., São Paulo: LTr, 2004.

Curso de Direito Previdenciário, Tomo I, 3. ed., São Paulo: LTr, 2005.

Lei Básica da Previdência Social, 7. ed., São Paulo: LTr, 2005.

Comentários ao Estatuto do Idoso, 2. ed., São Paulo: LTr, 2005.

Portabilidade na Previdência Complementar, 2. ed., São Paulo: LTr, 2005.

Previdência Social Para Principiantes – Cartilha, São Paulo: LTr, 2005.

Dano Moral no Direito Previdenciário, São Paulo: LTr, 2005.

Comentários à Lei Básica da Previdência Social — Tomo I, 5. ed., São Paulo: LTr, 2006.

Auxílio-Acidente, São Paulo: LTr, 2006.

Legislação Previdenciária Procedimental, São Paulo: LTr, 2006.

**Em co-autoria:**

*Contribuições Sociais — Questões Polêmicas*, São Paulo: Dialética, 1995.

*Noções Atuais de Direito do Trabalho*, São Paulo: LTr, 1995.

*Contribuições Sociais — Questões Atuais*, São Paulo: Dialética, 1996.

*Manual dos Direitos do Trabalhador*, 3. ed., São Paulo: Editora do Autor, 1996.

*Legislação da Previdência Social*, Brasília: Rede Brasil, 1997.

*Processo Administrativo Fiscal*, 2º vol., São Paulo: Dialética, 1997.

*Introdução ao Direito Previdenciário*, São Paulo: LTr-ANPREV, 1998.

*Estudos ao Direito — Homenagem a Washington Luiz da Trindade*. São Paulo: LTr, 1998.

*Temas Atuais de Previdência Social — Homenagem a Celso Barroso Leite*, São Paulo: LTr, 1998.

*Dez anos de contribuição*, São Paulo: Editora Celso Bastos, 1998.

*Perspectivas Atuais do Direito*, São Paulo, 1998.

*Processo Administrativo Fiscal*, 3º vol., São Paulo: Dialética, 1998.

*Temas Administrativo Social*, São Paulo, 1988.

*Contribuição Previdenciária*, São Paulo: Dialética, 1999.

*A Previdência Social Hoje*, São Paulo: LTr, 2005.

*Temas Atuais de Direito do Trabalho e Direito Previdenciário Rural — Homenagem a Antenor Pelegrino* (no prelo).

**Não-jurídicos**

*O Tesouro da Ilha Jacaré*, São Paulo: CEJA, 2001.

*Manual do Pseudo Intelectual*, São Paulo: Apanova, 2002.

*Contando com o Vento*, São Paulo: Apanova, 2003.

*Produção Gráfica e Editoração Eletrônica:* **IMOS LASER**
*Capa:* **ELIANA C. COSTA**
*Impressão:* **HR GRÁFICA E EDITORA**